WISSEN FÜR DIE PRAXIS

Weiterführend empfehlen wir:

Das gesamte Behinderten- und Rehabilitationsrecht
ISBN 978-3-8029-5284-5

Wie bekomme ich einen Schwerbehindertenausweis?
ISBN 978-3-8029-4087-3

Finanzielle Sicherheit bei langer Krankheit
ISBN 978-3-8029-4129-0

Grundlagen des Rehabilitationsrechts
ISBN 978-3-8029-7564-6

Weitere Titel unter: www.WALHALLA.de

Wir freuen uns über Ihr Interesse an diesem Buch. Gerne stellen wir Ihnen zusätzliche Informationen zu diesem Programmsegment zur Verfügung.
Bitte sprechen Sie uns an:
E-Mail: WALHALLA@WALHALLA.de
http://www.WALHALLA.de
Walhalla Fachverlag · Haus an der Eisernen Brücke · 93042 Regensburg
Telefon 0941 5684-0 · Telefax 0941 5684-111

WALHALLA

Thomas Knoche

Finanzielle Hilfen für Menschen mit Behinderung

Zuschüsse, Vergünstigungen, Steuervorteile
Sonderrechte am Arbeitsplatz

9., aktualisierte Auflage

WALHALLA Rechtshilfen

Bibliografische Information der Deutschen Nationalbibliothek
Die Deutsche Nationalbibliothek verzeichnet diese Publikation in der Deutschen Nationalbibliografie; detaillierte bibliografische Daten sind im Internet über http://dnb.de abrufbar.

Zitiervorschlag:
Knoche, T., Finanzielle Hilfen für Menschen mit Behinderung
Walhalla Fachverlag, Regensburg 2021

Hinweis: Unsere Werke sind stets bemüht, Sie nach bestem Wissen zu informieren. Alle Angaben in diesem Buch sind sorgfältig zusammengetragen und geprüft. Durch Neuerungen in der Gesetzgebung, Rechtsprechung sowie durch den Zeitablauf ergeben sich zwangsläufig Änderungen. Bitte haben Sie deshalb Verständnis dafür, dass wir für die Vollständigkeit und Richtigkeit des Inhalts keine Haftung übernehmen.
Januar 2021

9., aktualisierte Auflage

Produktion: Walhalla Fachverlag, 93042 Regensburg
Printed in Germany
ISBN 978-3-8029-4134-4

Inhaltsverzeichnis

Nehmen Sie Ihre Rechte wahr

Wer körperlich, geistig oder seelisch behindert ist oder wem eine solche Behinderung droht, hat ein Recht auf Hilfe. Und das sind nicht wenige Menschen: Laut Statistischem Bundesamt (2019) leben rund 7,9 Mio. schwerbehinderte Menschen in Deutschland. Bezogen auf die gesamte Bevölkerung ist demnach jeder elfte Einwohner behindert. Das sind immerhin 9,5 Prozent.

Vermutlich gehören auch Sie oder Ihr Angehöriger zu dieser Personengruppe und erhalten bereits Leistungen und Rehabilitationsmaßnahmen durch den zuständigen Sozialversicherungsträger.

In dieser Situation wissen Sie auch, wie schwierig insbesondere Alltagssituationen zu bewältigen sind, wie kompliziert es werden kann, sich im Dschungel der zahlreichen gesetzgeberischen Vorgaben zurechtzufinden. Und davon gibt es im deutschen Recht reichlich, insbesondere was die Nachteilsausgleiche, Vergünstigungen, Zuschüsse und Erleichterungen in den verschiedensten Lebensbereichen betrifft, die das Handicap, mit denen der Mensch mit Behinderung zu leben hat, ausgleichen oder zumindest mindern sollen.

Dieser Fachratgeber informiert Sie umfassend und verständlich über die „finanzielle Seite“ Ihrer Behinderung. Er zeigt Ihnen, welche Erleichterungen und Unterstützungen es gibt und welche Sonderrechte Sie in Anspruch nehmen können. Damit möchte er Mut machen, Ihre Rechte auch einzufordern.

Wer die Gesetzesquellen nachlesen möchte, findet den Nachweis zur einschlägigen Vorschrift am Beginn des jeweiligen Abschnitts. Viele der hier angegebenen Zahlenwerte ändern sich mit der jährlichen Rentenanpassung, einige beziehen sich auf die sozialversicherungsrechtliche Bezugsgröße zum Einkommen. Diese Daten wurden entsprechend der Rentenerhöhung zum 1. Juli 2020 bzw. auf die ab 1. Januar 2021 geltenden Werte angepasst.

In diese 9. Auflage eingearbeitet wurde auch die Erhöhung der Behinderten-Pauschbeträge; diese waren seit 1975 nicht mehr angepasst worden. Ab 1. Januar 2021 gelten folgende finanzielle und strukturelle Verbesserungen:

- Verdoppelung der Behinderten-Pauschbeträge einschließlich Aktualisierung der Systematik
- Einführung eines behinderungsbedingten Fahrtkosten-Pauschbetrags
- Verzicht auf die zusätzlichen Anspruchsvoraussetzungen zur Gewährung eines Behinderten-Pauschbetrages bei einem Grad der Behinderung kleiner als 50
- Geltendmachung des Pflege-Pauschbetrages auch unabhängig vom Vorliegen des Kriteriums „hilflos" bei der zu pflegenden Person
- Einführung eines Pflege-Pauschbetrages bei der Pflege von Personen mit den Pflegegraden 2 und 3
- Erhöhung des Pflege-Pauschbetrages bei der Pflege von Personen mit den Pflegegraden 4 und 5

Zur Bewältigung der Folgen der Corona-Pandemie hat die Bundesregierung im Jahr 2020 in schneller Folge Verordnungen und Gesetzesänderungen beschlossen. Grundlage war und ist die „Feststellung einer epidemischen Lage von nationaler Tragweite" nach dem Infektionsschutzgesetz. In der Regel galten die Maßnahmen nur für einen begrenzten Zeitraum, viele sind nun für den Bereich der Pflegeversicherung (siehe Kapitel 8) durch das Krankenhauszukunftsgesetz bis 31. März 2021 verlängert worden. Falls sich die Infektionszahlen bis dahin nicht bedeutend abgeschwächt haben, ist es gut möglich, dass diese Regelungen weiter verlängert werden.

Thomas Knoche

Wichtige Abkürzungen

AG	Arbeitsgericht
Az.	Aktenzeichen
BAföG	Bundesausbildungsförderungsgesetz
BAG	Bundesarbeitsgericht
BFH	Bundesfinanzhof
BGB	Bürgerliches Gesetzbuch
BGH	Bundesgerichtshof
BMF	Bundesministerium für Finanzen
BSG	Bundessozialgericht
BSGE	Entscheidung des Bundessozialgerichts
BStBl	Bundessteuerblatt
BVG	Bundesversorgungsgesetz
EStG	Einkommensteuergesetz
GdB	Grad der Behinderung
GKV	Gesetzliche Krankenversicherung
KfzHV	Kraftfahrzeughilfe-Verordnung
LG	Landgericht
MZ	Merkzeichen
SchwbAV	Schwerbehinderten-Ausgleichsabgabenverordnung
SchwbAwV	Schwerbehindertenausweisverordnung
SGB I	Sozialgesetzbuch – Erstes Buch Allgemeiner Teil
SGB II	Sozialgesetzbuch – Zweites Buch Grundsicherung für Arbeitsuchende
SGB III	Sozialgesetzbuch – Drittes Buch Grundsicherung für Arbeitsuchende
SGB V	Sozialgesetzbuch – Fünftes Buch Gesetzliche Krankenversicherung
SGB VI	Sozialgesetzbuch – Sechstes Buch Gesetzliche Rentenversicherung

SGB IX	Sozialgesetzbuch – Neuntes Buch Rehabilitation und Teilhabe von behinderten Menschen
SGB XI	Sozialgesetzbuch – Elfes Buch Soziale Pflegeversicherung
SGB XII	Sozialgesetzbuch – Zwölftes Buch Sozialhilfe
StVO	Straßenverkehrsordnung
VersMedV	Versorgungsmedizin-Verordnung

Alle Merkzeichen auf einen Blick

aG	Außergewöhnliche Gehbehinderung
B	Berechtigung zur Mitnahme einer Begleitperson
Bl	Blindheit
G	Erhebliche Beeinträchtigung der Bewegungsfähigkeit im Straßenverkehr
Gl	Gehörlosigkeit
H	Hilflosigkeit
RF	Ermäßigung bzw. Befreiung vom Rundfunkbeitrag
TBl	Taubblind

1.

Schwerbehindertenausweis und Merkzeichen

Wer ist schwerbehindert?

Menschen sind schwerbehindert, wenn bei ihnen ein Grad der Behinderung von wenigstens 50 vorliegt. Die Behinderung misst sich also nach dem Grad der Behinderung (im Folgenden mit GdB abgekürzt). Dieser GdB wird auf Antrag des Betroffenen festgestellt. Die Einstufung erfolgt dabei nach den Grundsätzen der Versorgungsmedizin-Verordnung. Bemessen wird der GdB in Zehnerschritten zwischen 20 und 100. Hat ein Mensch mehrere Beeinträchtigungen, so wird der GdB im Wege einer Gesamtschau festgesetzt. Dabei werden alle Funktionsbeeinträchtigungen berücksichtigt, die für sich betrachtet wenigstens einen Einzel-GdB von 10 haben.

Wichtig: Es erfolgt aber keine Addition der einzelnen Funktionsstörungen für die jeweils ein Einzel-GdB vergeben wird. Vielmehr ist die Ermittlung des Grads der Behinderung in Form eines Gesamt-GdB eine sehr komplexe Angelegenheit, denn es ist in einer Gesamtschau zu beurteilen, wie sich die einzelnen Funktionsbeeinträchtigungen zueinander auswirken bzw. in welchen wechselseitigen Beziehungen sie zueinander stehen. So können die Auswirkungen von einzelnen Beeinträchtigungen einander verstärken, sich überschneiden aber auch gänzlich voneinander unabhängig sein (so schon das BSG in seinem Grundsatzurteil vom 15.03.1979, BSGE 48, 82, 87).

Um die diesbezüglichen Feststellungen zu treffen, werden von der zuständigen Behörde von den behandelnden Ärzten in der Regel aktuelle Befundberichte angefordert und – ggf. durch die Einholung einer versorgungsärztlichen Stellungnahme oder eines ärztlichen Gutachtens – bewertet. In einem Bescheid wird dann der GdB festgelegt.

Leistungen und sonstige Vergünstigungen für schwerbehinderte Menschen werden im Wesentlichen nur bei Vorlage eines Schwerbehindertenausweises gewährt. Für bestimmte Arten der Schwerbehinderung werden Merkzeichen im Ausweis erteilt, die ihrerseits bestimmte Vergünstigungen zur Folge haben.

Erstantrag

§ **Rechtsgrundlagen zum Nachlesen**

§ 152 SGB IX

In der Schwerbehindertenausweisverordnung (SchwbAwV) können Sie nachlesen, wie der Ausweis gestaltet ist, wie lange dieser gilt und welche Merkzeichen eingetragen werden können.

Die Versorgungsmedizinverordnung (VersMedV) ordnet in ihrer Anlage „Versorgungsmedizinische Grundsätze zu § 2" die verschiedenen Behinderungen und die damit verbundenen Einschränkungen jeweils einem GdB (Einzel-GdB) zu.

Der Antrag auf einen Schwerbehindertenausweis muss beim zuständigen Versorgungsamt bzw. der nach Landesrecht zuständigen Behörde gestellt werden (z. B. in Baden-Württemberg das jeweilige Landratsamt, in Bayern das Zentrum Bayern Familie und Soziales im jeweiligen Regierungsbezirk, in Nordrhein-Westfalen die Kreisverwaltung). Dort wird das Vorliegen einer Behinderung, der GdB und weitere gesundheitliche Voraussetzungen für die Inanspruchnahme von Nachteilsausgleichen geprüft. Die Antragstellung kann zunächst formlos erfolgen. Auf ein formloses Schreiben hin wird Ihnen ein Antragsvordruck zugeschickt. Der Antrag und das Verfahren sind für den Antragsteller kostenfrei.

> ***Praxis-Tipp:***
>
> *Mittlerweile können in vielen Bundesländern die Antragsvordrucke online abgerufen werden. Eine Übersicht inklusive Download-Möglichkeit findet sich auf: www.einfach-teilhaben.de (dort unter der Rubrik „Schwerbehinderung").*

Zur Prüfung werden vom Amt außer Angaben zur Person auch Angaben zu den Gesundheitsstörungen, zu ärztlichen Behandlungen, Krankenhausaufenthalten, Rehabilitationsverfahren etc. benötigt. Wenn sich Unterlagen über Ihren Gesundheitszustand (z. B. Befundberichte, ärztliche Gutachten, Pflegegutachten, Labor- und Röntgenbefunde) in Ihrem Besitz befinden, die nicht älter als zwei Jahre sind, sollten Kopien davon gleich zusammen mit dem Antrag eingereicht werden. Verfügen Sie über keine Unterlagen, so werden diese vom Amt angefordert. Sie werden daher im Antrag aufgefordert die Anschriften der behandelnden Ärzte anzugeben, damit eine entsprechende Arztanfrage gestellt werden kann; im Antrag müssen Sie dazu eine entsprechende Einverständiserklärung unterschreiben.

Sobald die notwendigen medizinischen Unterlagen vorliegen, werden sie an den ärztlichen Dienst der zuständigen Behörde bzw. einen Gutachter weitergeleitet. Dort erfolgt die Auswertung der Unterlagen nach den Maßgaben der Versorgungsmedizin-Verordnung (VersMedV). Mithilfe des Gutachtens entscheidet das Versorgungsamt über das Vorliegen einer Behinderung, den GdB und über die entsprechenden Merkzeichen. Wenn mehrere Behinderungen festgestellt werden, wird ein Gesamt-GdB gebildet.

Ein Feststellungsbescheid wird erteilt, wenn ein GdB von wenigstens 20 vorliegt. Liegt der festgestellte GdB unter 20, gibt es weder Bescheinigung noch Ausweis.

Wichtig: Als schwerbehindert im Sinne des § 2 Abs. 2 SGB IX gelten Menschen, bei denen ein GdB von wenigstens 50 vorliegt. Erst dann wird ein Schwerbehindertenausweis ausgestellt.

Verschlimmerungsantrag

Verschlechtert sich der Gesundheitszustand, kann ein Antrag zur Neufeststellung des GdB (sog. Verschlimmerungsantrag) gestellt werden. Hierzu ist wie beim Erstantrag zu verfahren. Behandelnde Ärzte und Krankenhäuser werden dann erneut um Auskunft gebeten.

Wichtig: Ergibt die Prüfung der Voraussetzungen, dass sich der Gesundheitszustand gebessert hat oder die vorherige Bewertung unrichtig war, kann der GdB herabgesetzt werden.

Rückwirkende Anerkennung

§ **Rechtsgrundlagen zum Nachlesen**

§ 152 Abs. 1 Satz 2 SGB IX

Grundsätzlich wird im Bescheid als Feststellungszeitpunkt das Datum der Antragstellung verwendet; der Gültigkeitsbeginn des Schwerbehindertenausweises leitet sich also vom Tag der Antragstellung ab (nicht vom Tag der Bescheiderstellung!).

Auf Antrag kann festgestellt werden, dass ein GdB oder gesundheitliche Merkmale bereits zu einem früheren Zeitpunkt vorgelegen haben. Dazu muss aber ein besonderes Interesse glaubhaft gemacht werden (z. B. rückwirkende Feststellung um eine Altersrente für schwerbehinderte Menschen abschlagsfrei beziehen zu können). Aussagekräftige Arztbefunde oder Krankenhausberichte sollten belegen, dass zum gewünschten Zeitpunkt die funktionellen Einschränkungen bereits in diesem Ausmaß vorhanden waren.

Gültigkeit und Verlängerung des Ausweises

§ **Rechtsgrundlagen zum Nachlesen**

§ 152 Abs. 5 SGB IX

Die Dauer der Gültigkeit eines Schwerbehindertenausweises ist auf dem Behördenanschreiben, das dem Schwerbehindertenausweis beiliegt, und auf dem Schwerbehindertenausweis selbst (Monats- und Jahresangabe auf der Vorderseite des Ausweises) ersichtlich. Die maximale Gültigkeitsdauer beträgt fünf Jahre. Dasselbe gilt entsprechend auch für eine Verlängerung des Ausweises.

Bei Kindern wird der Ausweis auf das 10. Lebensjahr befristet. Bei einem Alter zwischen zehn und 15 Jahren kann der Schwerbehindertenausweis bis zum 20. Lebensjahr befristet werden.

Bei in Deutschland lebenden Ausländern ist die Gültigkeitsdauer des Schwerbehindertenausweises maximal bis zum Ablauf der Gültigkeit des Aufenthaltstitels, der Aufenthaltsgestattung oder der Arbeitserlaubnis festgelegt.

Aber wichtig: Liegen Diagnosen vor, die eine Änderung des Gesundheitszustands nicht erwarten lassen, kann der Ausweis in vielen Bundesländern auch unbefristet ausgestellt werden.

Praxis-Tipp:

Beantragen Sie rechtzeitig (ca. drei Monate vor Ablauf) eine Verlängerung der Gültigkeitsdauer. Eine Verlängerung ist zweimal möglich; danach muss ein neuer Ausweis beantragt und ausgestellt werden. Dazu ist ein neues Lichtbild erforderlich.

Verbessert oder verschlechtert sich der Gesundheitszustand wesentlich, sind Inhaber des Schwerbehindertenausweises verpflichtet, dies dem Versorgungsamt mitzuteilen, damit ggf. der GdB und die Merkzeichen neu festgesetzt werden können.

Merkzeichen auf dem Schwerbehindertenausweis

Um bestimmte Rechte in Anspruch nehmen zu können (z. B. unentgeltliche Beförderung im öffentlichen Personenverkehr), muss im Schwerbehindertenausweis das jeweilige Merkzeichen eingetragen sein. Die unterschiedlichen Merkzeichen werden nachfolgend beschrieben.

G: Erhebliche Beeinträchtigung der Bewegungsfähigkeit im Straßenverkehr

§ **Rechtsgrundlagen zum Nachlesen**

§ 229 Abs. 1 SGB IX

Anlage zu § 2 der Versorgungsmedizin-Verordnung, dort Teil D Nr. 1

Dieses Merkzeichen wird im Ausweis eingetragen, wenn der Betroffene in seiner Bewegungsfähigkeit im Straßenverkehr erheblich eingeschränkt ist. Die Betroffenen sind aufgrund ihrer körperlichen

Einschränkung nicht in der Lage, Wegstrecken im Ortsverkehr ohne Gefahr für sich oder andere zurückzulegen, die üblicherweise altersunabhängig und ohne Rücksicht auf die örtlichen Verhältnisse noch zu Fuß zurückgelegt werden können.

Wichtig: Nach aktueller Rechtsprechung gilt als ortsübliche Wegstrecke eine Strecke von etwa zwei Kilometern, die in etwa einer halben Stunde zurückgelegt wird.

In vielen Fällen resultiert die Einschränkung aus einem eingeschränkten Gehvermögen. Diese erhebliche Gehbehinderung kann von einer Funktionsstörung der unteren Gliedmaßen und/oder der Lendenwirbelsäule ausgehen und muss als Einzel-GdB 50 – bei bestimmten Ausnahmen mindestens 40 – betragen, um für das Merkzeichen relevant zu sein.

Die Bewegungsunfähigkeit kann aber auch durch Erkrankung innerer Organe (z. B. Herz- oder Atmungsinsuffizienz) oder durch Anfälle (z. B. Epilepsie, Schockzustände) verursacht werden.

Die Voraussetzung für das Merkzeichen G kann zudem erfüllt sein, wenn die Orientierungsfähigkeit des Menschen mit Behinderung erheblich gestört ist (z. B. alleinige Sehbehinderung ab einem GdB von 70). Liegt der GdB in dem Fall unter 70 (z. B. 50 oder 60), kann die Voraussetzung auch erfüllt sein, wenn die Kombination mit einer anderen Behinderung (Störung der Ausgleichsfunktion – z. B. Schwerhörigkeit beidseitig) einen GdB von 70 ergibt.

aG: Außergewöhnliche Gehbehinderung

§ Rechtsgrundlagen zum Nachlesen

§ 229 Abs. 3 SGB IX

Dieses Merkzeichen wird im Ausweis eingetragen, wenn sich der Betroffene nur mit fremder Hilfe oder mit großer Anstrengung fortbewegen kann.

Schwerbehinderte Menschen mit außergewöhnlicher Gehbehinderung sind Personen mit einer erheblichen mobilitätsbezogenen Teilhabebeeinträchtigung, die einem GdB von mindestens 80 entspricht.

Eine erhebliche mobilitätsbezogene Teilhabebeeinträchtigung liegt vor, wenn sich der Betroffene wegen der Schwere seines Leidens dauernd nur mit fremder Hilfe oder nur mit großer Anstrengung außerhalb seines Kraftfahrzeuges bewegen kann. Hierzu zählen insbesondere Menschen, die auf Grund der Beeinträchtigung der Gehfähigkeit und Fortbewegung – dauerhaft auch für sehr kurze Entfernungen – aus medizinischer Notwendigkeit auf die Verwendung eines Rollstuhls angewiesen sind.

Auch andere Gesundheitsstörungen können dazu führen, dass sich jemand dauernd nur mit fremder Hilfe oder mit großer Anstrengung außerhalb seines Kraftfahrzeugs fortbewegen kann. Dies kann beispielsweise der Fall sein bei Störungen:

- bewegungsbezogener Funktionen (z. B. Funktionsverlust beider Beine ab Oberschenkelhöhe oder einem Funktionsverlust eines Beines ab Oberschenkelhöhe ohne Möglichkeit der prothetischen oder orthetischen Versorgung, insbesondere bei Doppeloberschenkelamputierten und Hüftexartikulierten)
- neuromuskulärer oder mentaler Funktionen (z. B. Gangstörungen mit der Unfähigkeit, ohne Unterstützung zu gehen oder wenn eine dauerhafte Rollstuhlbenutzung erforderlich ist, insbesondere bei Querschnittlähmung, Multipler Sklerose, Amyotropher Lateralsklerose – ALS, Parkinsonerkrankung)
- des kardiovaskulären oder des Atmungssystems (z. B. schwerste Einschränkung der Herzleistungsfähigkeit oder bei schwersten Gefäßerkrankungen wie arterieller Verschlusskrankheit)

Auch eine starke Auszehrung und ein fortschreitender Kräfteverfall aufgrund eines metastasierenden Tumorleidens können dazu führen, dass sich eine Person dauernd nur mit fremder Hilfe oder mit großer Anstrengung außerhalb seines Kraftfahrzeuges fortbewegen kann. Somit kann auch bei einem fortgeschrittenen Krebsleiden die Bewilligung des Merkzeichens aG möglich sein.

Grundsätzlich gilt: Die Fortbewegung muss auf das Schwerste eingeschränkt sein. Eine Einschränkung des Orientierungsvermögens alleine reicht hierfür nicht aus.

H: Hilflosigkeit

§ **Rechtsgrundlagen zum Nachlesen**

§ 33b Abs. 6 Satz 3 EStG
Anlage zu § 2 der Versorgungsmedizin-Verordnung, dort Teil A Nr. 4

Als „hilflos“ wird eine Person angesehen, wenn sie für eine Reihe von häufig und regelmäßig wiederkehrenden Verrichtungen zur Sicherung ihrer persönlichen Existenz im Ablauf eines jeden Tages fremder Hilfe dauernd bedarf. Diese benötigte Hilfe darf nicht nur vorübergehend sein; wie im sonstigen Sozialrecht geht man hier von einem Zeitraum länger als sechs Monate aus.

Häufig und regelmäßig wiederkehrende Verrichtungen sind zum Beispiel An- und Auskleiden, Nahrungsaufnahme, Körperpflege, Verrichten der Notdurft. Außerdem sind notwendige körperliche Bewegung, geistige Anregung und Möglichkeiten zur Kommunikation zu berücksichtigen.

Bei einer Reihe schwerer Behinderungen, die aufgrund ihrer Art und besonderen Auswirkungen regelhaft Hilfeleistungen in erheblichem Umfang erfordern, wird im Allgemeinen ohne nähere Prüfung angenommen, dass die Voraussetzungen für das Vorliegen von Hilflosigkeit erfüllt sind:

- Dies gilt stets bei Blindheit und hochgradiger Sehbehinderung, sowie bei Querschnittslähmung und anderen Behinderungen, die auf Dauer und ständig – auch innerhalb des Wohnraums – die Benutzung eines Rollstuhls erfordern.
- In der Regel wird Merkzeichen „H“ auch bei Hirnschäden, Anfallsleiden, geistiger Behinderung und Psychosen ohne nähere Prüfung vergeben, wenn diese Behinderungen allein einen Grad der Behinderung von 100 bedingen.

1

- Dies gilt auch bei Verlust von zwei oder mehr Gliedmaßen, ausgenommen Unterschenkel- oder Fußamputation beiderseits.

Führt eine Behinderung zu dauerndem Krankenlager, so sind ebenfalls die Voraussetzungen für die Annahme von Hilflosigkeit erfüllt. Dauerndes Krankenlager setzt nicht voraus, dass der Mensch mit Behinderung das Bett überhaupt nicht verlassen kann.

Wichtig: Die Feststellungen einer Pflegeklasse zur Pflegebedürftigkeit führen nicht automatisch zur Eintragung des Merkzeichens „H" in den Schwerbehindertenausweis.

Bl: Blindheit

§ **Rechtsgrundlagen zum Nachlesen**

§ 72 Abs. 5 SGB XII

Anlage zu § 2 der Versorgungsmedizin-Verordnung, dort Teil A Nr. 6

Blind ist, wem das Augenlicht vollständig fehlt. Als blind ist zur Bewilligung des Merkzeichens Bl auch ein Mensch anzusehen, dessen Sehschärfe auf keinem Auge und auch nicht beidäugig mehr als 0,02 (1/50) beträgt. Dem gleichgestellt sind andere Störungen des Sehvermögens (z. B. Gesichtsfeldeinengungen), wenn durch diese nur noch obige Sehschärfe erreicht werden kann (hochgradige Sehbehinderung).

Blinde und hochgradig sehbehinderte Menschen sind als hilflos anzusehen (Merkzeichen „H"). Ihnen steht eine Begleitperson im Straßenverkehr (Merkzeichen „B") zu.

Gl: Gehörlosigkeit

§ **Rechtsgrundlagen zum Nachlesen**

Anlage zu § 2 der Versorgungsmedizin-Verordnung, dort Teil D Nr. 4

Dieses Merkzeichen erhalten nicht nur gehörlose, sondern auch hörbehinderte Menschen mit einer an Taubheit grenzenden Schwerhörigkeit beiderseits, wenn daneben schwere Sprachstörungen (schwer verständliche Lautsprache, geringer Sprachschatz) vorliegen. Das sind in der Regel Hörbehinderte, bei denen die an Taubheit grenzende Schwerhörigkeit angeboren oder in der Kindheit erworben worden ist.

TBl: Taubblindheit

§ **Rechtsgrundlagen zum Nachlesen**

§ 3 Abs. 1 Nr. 8 Schwerbehindertenausweisverordnung (SchwbAwV)

Der schwerbehinderte Mensch ist taubblind, wenn er wegen einer Störung der Hörfunktion mindestens einen GdB von 70 und zugleich aufgrund einer Störung des Sehvermögens einen GdB von 100 hat.

Die Beeinträchtigungen der Teilhabe der vom Merkzeichen erfassten Personengruppe sind äußerst heterogen, so dass sich einheitliche konkrete Bedarfe nicht ermitteln lassen. Deswegen ist das Merkzeichen mit keinem konkreten bundesrechtlichen Nachteilsausgleich verbunden. Es kommt als Nachweis für die Rundfunkbeitragsbefreiung nach dem Rundfunkbeitragsstaatsvertrag in Betracht, sofern die für das Rundfunkwesen ausschließlich zuständigen Länder dies festlegen. Das Merkzeichen umfasst nicht automatisch die Nachteilsausgleiche für blinde und gehörlose Menschen wie zum Beispiel Landesblindengeld, Landesgehörlosengeld oder steuerliche Nachteilsausgleiche. Deshalb werden die Merkzeichen „Bl“ (blind) und „Gl“ (gehörlos) bei Vorliegen der jeweiligen Voraussetzungen zusätzlich zum Merkzeichen „TBl“ in den Schwerbehindertenausweis eingetragen.

Dieses zum 01.01.2017 eingeführte Merkzeichen geht auf Forderungen der Verbände behinderter Menschen zurück, für den betroffenen Personenkreis ein eigenes Merkzeichen zu schaffen. Wie oben beschrieben leiten sich derzeit noch keine eigenständigen Nachteilsausgleiche ab. Als Betroffener sollte man dennoch dieses Merkzeichen beantragen, da es helfen kann taubblindenspezifische Bedarfe (z. B. passende Hilfsmittel wie etwa eine Vibrationssignalanlage) bei Krankenkassen leichter durchzusetzen.

1 Hingewiesen sei noch auf die Möglichkeit, sich vom Rundfunkbeitrag befreien zu lassen (siehe dazu die Ausführungen beim Merkzeichen „RF“).

B: Berechtigt zur Mitnahme einer Begleitperson

§ **Rechtsgrundlagen zum Nachlesen**

§ 229 Abs. 2 SGB IX

Schwerbehinderte Menschen, die regelmäßig Hilfe bei der Benutzung von öffentlichen Verkehrsmitteln benötigen (Ein- und Ausstiegshilfe, Hilfe während der Fahrt, Hilfen zum Ausgleich von Orientierungsstörungen), erhalten das Merkzeichen B. Die Notwendigkeit zur Mitnahme einer Begleitperson muss nachgewiesen werden. Die ständige Begleitung muss folgenden Zweck erfüllen:

- Vorbeugen von Gefahren für sich oder für andere
- Gewährleistung von Hilfestellung zum Ausgleich von Orientierungsstörungen

Eine Berechtigung für eine ständige Begleitung bei schwerbehinderten Menschen (bei denen die Voraussetzungen für die Merkzeichen „aG“, „G“, „Gl“ oder „H“ vorliegen) wird dann als gegeben angesehen, wenn dieser Personenkreis bei der Benutzung von öffentlichen Verkehrsmitteln infolge seiner Behinderung regelmäßig auf fremde Hilfe angewiesen ist. Dies gilt insbesondere für querschnittgelähmte, blinde und sehbehinderte, hörbehinderte, geistig behinderte Menschen, Ohnhänder und Anfallskranke.

Wichtig: Der Berechtigte darf im öffentlichen Personenverkehr ohne km-Begrenzung eine Begleitperson kostenlos mitnehmen, auch wenn er selbst eine Fahrkarte erwerben muss (siehe dazu ausführlich in Kapitel 2).

Mehraufwendungen, die dem schwerbehinderten Menschen auf einer Urlaubsreise durch Kosten für Fahrten, Unterbringung und Verpflegung der Begleitperson entstehen, können bis zu 767 Euro zusätzlich zum Behinderten-Pauschbetrag (siehe dazu Kapitel 5 „Steuerliche Erleichterungen“) als außergewöhnliche Belastung bei der Steuer angesetzt werden (§§ 33, 33b Abs. 3 Satz 3 EStG, Urteil des BFH vom 04.07.2002, Az. III R 58/98).

RF: Ermäßigung bzw. Befreiung vom Rundfunkbeitrag

§ **Rechtsgrundlagen zum Nachlesen**

§ 4 Rundfunkbeitragsstaatsvertrag

Mit diesem Merkzeichen können die gesundheitlichen Voraussetzungen für eine Befreiung bzw. Ermäßigung des Rundfunkbeitrags nachgewiesen werden. Das Merkzeichen erhalten:

- blinde oder nicht nur vorübergehend wesentlich sehbehinderte Menschen mit einem GdB von wenigstens 60 allein wegen der Sehbehinderung.
- hörgeschädigte Menschen, die gehörlos sind oder denen eine ausreichende Verständigung über das Gehör auch mit Hörhilfen nicht möglich ist.
- Menschen mit Behinderung, deren GdB nicht nur vorübergehend wenigstens 80 beträgt und die wegen ihres Leidens an öffentlichen Veranstaltungen ständig nicht teilnehmen können.

Voraussetzung ist hier, dass eine Teilnahme auch mithilfe von Begleitpersonen und technischen Hilfsmitteln (z. B. Rollstuhl, Inkontinenzartikeln) nicht möglich ist. Auch muss die Teilnahme an Veranstaltungen jeglicher Art ausgeschlossen sein, es dem Menschen mit Behinderung also allgemein unmöglich oder unzumutbar sein, öffentliche Veranstaltungen zu besuchen.

Bei Vorliegen des Merkzeichens „RF“ gibt es auch Vergünstigungen bei den Tarifen der Deutschen Telekom (sog. Sozialtarif).

Nähere Informationen zum Rundfunkbeitrag und zum Sozialtarif finden Sie in Kapitel 3.

Sondergruppen (VB, EB, 1. Kl.)

Diese Merkzeichen werden auf der Vorderseite des Ausweises eingetragen. Der Eintrag „VB" (Versorgungsberechtigt) erfolgt, wenn der schwerbehinderte Mensch wegen einer Minderung der Erwerbsfähigkeit um wenigstens 50 Anspruch auf eine Versorgung nach anderen Bundesgesetzen hat.

Wichtig: Der Eintrag erfolgt auch, wenn die Minderung der Erwerbsfähigkeit wegen Zusammentreffens mehrerer Ansprüche auf Versorgung in ihrer Gesamtheit wenigstens 50 beträgt.

Der Eintrag „EB" (Entschädigung nach dem Bundesentschädigungsgesetz) erfolgt, wenn der Betroffene wegen einer Minderung der Erwerbsfähigkeit um wenigstens 50 Entschädigung nach § 28 Bundesentschädigungsgesetz (BEG) erhält.

Schwerkriegsbeschädigte Menschen mit einer Minderung der Erwerbsfähigkeit von mindestens 70 und bei denen eine ständige Unterbringung in der 1. Klasse erforderlich ist, erhalten das Merkzeichen „1. Kl". Sie können dann mit einem Ticket der 2. Klasse in der 1. Klasse Platz nehmen.

Wichtig: Ausweisinhaber mit den Merkzeichen „VB" und „EB" und Kriegsbeschädigte erhalten ebenfalls die Wertmarke für ein Jahr kostenlos sowie eine 100-prozentige Kfz-Steuerbefreiung.

2.

Nachteilsausgleiche Mobilität, Reisen

Wertmarke: Beiblatt zum Schwerbehindertenausweis

2

§ **Rechtsgrundlagen zum Nachlesen**

§ 228 Abs. 2 Satz 5 SGB IX

Bekanntmachung über die Anpassung der Eigenbeteiligung für die unentgeltliche Beförderung

§ 3a Schwerbehindertenausweisverordnung

Schwerbehinderte Menschen, die in ihrer Bewegungsfähigkeit im Straßenverkehr erheblich beeinträchtigt sind, haben Anspruch darauf, im öffentlichen Personennahverkehr unentgeltlich befördert zu werden, wie im Folgenden noch ausführlicher erklärt wird. Um die unentgeltliche Beförderung nutzen zu können, wird neben dem Schwerbehindertenausweis mit dem entsprechenden Merkzeichen auch ein Beiblatt mit Wertmarke benötigt.

Dieses Beiblatt mit Wertmarke dient als Nachweis für die Berechtigung, kostenlos mit öffentlichen Nahverkehrsmitteln zu fahren. Die Wertmarke gilt ab dem Kalendermonat, der auf ihr eingetragen ist. Dieser Monat kann vom Schwerbehinderten selbst bestimmt werden.

Die Kosten für die Wertmarke betragen derzeit für ein halbes Jahr 40 Euro und für ein ganzes Jahr 80 Euro, die in der Regel vom Inhaber des Schwerbehindertenausweises selbst gezahlt werden müssen.

Für blinde (Merkzeichen „Bl") oder hilflose (Merkzeichen „H") Menschen wird die Wertmarke kostenfrei abgegeben.

Auch Personen, die folgende Sozialleistungen beziehen, erhalten auf Antrag die Wertmarke kostenfrei:

- Leistungen zur Sicherung des Lebensunterhalts nach SGB II (Grundsicherung für Arbeitsuchende = Hartz IV)
- Hilfe zum Lebensunterhalt bzw. Grundsicherung im Alter und bei Erwerbsminderung nach SGB XII (Sozialhilfe)
- Leistungen nach SGB VIII (Kinder- und Jugendhilfe)
- Ergänzende Hilfe zum Lebensunterhalt im Rahmen der Kriegsopferfürsorge nach dem Bundesversorgungsgesetz

- Schwerkriegsbeschädigte und Personen mit Merkzeichen „VB“ oder „EB“, die mindestens seit dem 01.10.1979 wegen ihrer Schädigungsfolgen die Freifahrtberechtigung haben.

> ***Praxis-Tipp:***
>
> *Wertmarken, die für ein Jahr ausgegeben werden, können bis spätestens ein halbes Jahr vor Ablauf der Gültigkeitsdauer zurückgegeben werden. Auf Antrag wird dann die Hälfte der Gebühr erstattet. Entsprechendes gilt für den Fall, dass der schwerbehinderte Mensch vor Ablauf eines halben Jahres der Gültigkeitsdauer der Jahreswertmarke verstirbt.*

Kostenlose Fahrten im öffentlichen Personennahverkehr

§ **Rechtsgrundlagen zum Nachlesen**

§ 228 Abs. 1 SGB IX

Alle Menschen mit Behinderung, die einen Schwerbehindertenausweis mit dem Merkzeichen „G“, „aG“, „H“, „Bl“ oder „Gl“ haben und ein Beiblatt mit gültiger Wertmarke besitzen, können die unentgeltliche Beförderung mit öffentlichen Verkehrsmitteln beanspruchen.

Die Freifahrtberechtigung gilt in allen Stadtbussen, Straßenbahnen, U-Bahnen, S-Bahnen sowie bundesweit in den Zügen des Nahverkehrs der Deutschen Bahn AG.

Bei diesen Fahrten dürfen auch Handgepäck, ein Rollstuhl oder sonstige orthopädische Hilfsmittel sowie ein Blindenführhund kostenlos mitgenommen werden.

Sofern die Berechtigung zur Mitnahme einer Begleitperson durch den Eintrag des Merkzeichens „B“ im Ausweis nachgewiesen ist, wird auch die Begleitperson des Schwerbehinderten unentgeltlich befördert. Dies gilt auch, wenn der schwerbehinderte Mensch keine Wertmarke beantragt hat und deshalb selbst nicht freifahrtberechtigt ist.

Neben einer Begleitperson darf auch ein Hund kostenlos mitgenommen werden; dies gilt auch, wenn es sich nicht um einen Blindenführhund handelt.

Aber: Die Freifahrt darf mit diesen Merkzeichen nur dann beansprucht werden, wenn der Mensch mit Behinderung keine Kfz-Steuerermäßigung erhält. Schwerbehinderte Menschen mit dem Merkzeichen „aG“ dürfen hingegen sowohl die Freifahrt (gültige Wertmarke erforderlich) als auch eine Kfz-Steuerbefreiung beanspruchen (siehe zur Kraftfahrzeugsteuer auch Kapitel 5).

Je nach Beeinträchtigung darf die unentgeltliche Beförderung nur dann beansprucht werden, wenn der Mensch mit Behinderung keine Kfz-Steuerermäßigung oder Befreiung von dieser Steuer erhält. Dabei gilt:

- Bei Merkzeichen „G“ oder „Gl“ kann alternativ entweder die unentgeltliche Beförderung oder eine Kfz-Steuerermäßigung gewählt werden.
- Beim Merkzeichen „aG“, „Bl“ oder „H“ dagegen kann neben der unentgeltlichen Beförderung zusätzlich auch eine Kfz-Steuerbefreiung in Anspruch genommen werden.

In der Übersicht stellt sich dies wie folgt dar:

Merkzeichen	Wertmarke	und/oder	Kfz-Steuerermäßigung
G	40 EUR (Halbjahr) bzw. 80 EUR (ganzes Jahr)	oder	50 %
Gl	40 EUR (Halbjahr) bzw. 80 EUR (ganzes Jahr)	oder	50 %
aG	40 EUR (Halbjahr) bzw. 80 EUR (ganzes Jahr)	und	100 %
H	Kostenlos für ein Jahr	und	100 %
Bl	Kostenlos für ein Jahr	und	100 %
Kriegsbeschädigte	Kostenlos für ein Jahr	und	100 %

Merkzeichen	Wertmarke	und/oder	Kfz-Steuerermäßigung
VB	Kostenlos für ein Jahr	und	100 %
EB	Kostenlos für ein Jahr	und	100 %

Reisen im Fernverkehr mit der Deutschen Bahn

Im Fernverkehr gelten die Regelungen zur Kostenbefreiung der Beförderung nicht. Der schwerbehinderte Mensch muss hier eine Fahrkarte lösen. Allerdings gibt es auch hier einige Vorteile, die der schwerbehinderte Mensch in Anspruch nehmen kann.

Dagegen gelten für die Begleitperson und/oder einen Hund die gleichen Regelungen wie im Nahverkehr. Für sie besteht also auch hier eine kostenfreie Mitnahmeberechtigung.

Verbilligte Bahncard

Schwerbehinderte Menschen mit einem GdB von mindestens 70 erhalten auf die BahnCard 25 oder BahnCard 50 der Deutschen Bahn einen Preisnachlass. Bei der BahnCard 100 dagegen gewährt die Bahn keine Schwerbehindertenermäßigung. Aktuelle Preise:

- BahnCard 25: 36,20 Euro pro Jahr (statt 54,60 Euro)
- BahnCard 50: 111,90 Euro pro Jahr (statt 224,70 Euro)

Beim Kauf der Bahncard wird der Schwerbehindertenausweis als Nachweis benötigt.

Kostenlose Platzreservierung in IC-, ICE- und EC-Zügen

Wer auf einen Rollstuhl angewiesen oder sehbehindert bzw. blind ist und im Schwerbehindertenausweis das Merkzeichen „B“ (ständige Begleitung) hat, kann eine kostenfreie Platzreservierung in allen IC-, ICE-, EC- und IR-Zügen im Service- bzw. Großraumwagen der 2. Klasse für sich und seine Begleitung buchen.

Wichtig: In internationalen Reisezügen ist eine kostenlose Abteilreservierung für Rollstuhlfahrer nur dann möglich, wenn der Einsteigebahnhof im Bereich der Deutschen Bahn AG liegt.

> ***Praxis-Tipp:***
>
> *Züge, die rollstuhlgerechte Wagen führen, sind im Zugverzeichnis zum Kursbuch durch ein Rollstuhlsymbol gekennzeichnet.*

Reisen in der 1. Wagenklasse

Schwerbehinderte Menschen mit dem Merkzeichen „1. Kl." können mit Fahrscheinen für die 2. Wagenklasse in Zügen der Deutschen Bahn AG die 1. Klasse benutzen. Dieses Merkzeichen wird ausschließlich Schwerkriegsbeschädigten und Verfolgten im Sinne des Bundesentschädigungsgesetzes zuerkannt. Dabei wird ein GdB von wenigstens 70 bei besonders gravierenden körperlichen Behinderungen vorausgesetzt.

Ein kostenloses „Upgrade" in die 1. Wagenklasse erfolgt auch nur , wenn der auf den anerkannten Schädigungsfolgen beruhende körperliche Zustand bei Eisenbahnfahrten die Unterbringung in der 1. Klasse erfordert.

Gepäck und Hilfsmittel

Schwerbehinderten Menschen im Besitz eines Ausweises mit Merkzeichen „G" wird das Handgepäck, ein Krankenfahrstuhl/Rollstuhl mit einem Gewicht bis zu 100 kg und sonstige orthopädische Hilfsmittel kostenfrei befördert. Hilfsmittel über 31,5 kg müssen dabei fahrbar sein sowie stufenfrei abgeholt und zugestellt werden können.

Reisen ins Ausland

Im internationalen Fernverkehr wird die Begleitperson von Rollstuhlfahrern und blinden Menschen (Merkzeichen „Bl") in vielen europäischen Staaten kostenlos befördert. Die Begleitperson erhält dazu eine sogenannte Nullpreis-Fahrkarte. Diese Fahrkarte muss in Deutschland ausgestellt worden sein (bzw. in dem Staat, in dem der Schwerbehindertenausweis ausgestellt wurde).

Durch Internationale Beförderungsbedingungen werden die Mitnahmeregelungen von Begleitpersonen und Begleithunden im internationalen Verkehr geregelt.

Das SCIC-NRT-Abkommen schlüsselt die Teilnahmeländer und die spezifischen Bestimmungen für Begleitpersonen je nach Art des Handicaps auf (Stand: 01.08.2018):

Begleitpersonen für blinde Menschen, Blindenführhund

Beförderer, die die Mitnahme einer kostenfreien Begleitperson bzw. eines kostenfreien Blindenführhundes akzeptieren:

BDZ Bulgarische Eisenbahnen
CD Tschechische Bahnen
CFL Luxemburgische Eisenbahnen
CFR Calatori Rumänische Eisenbahnen
CIE Irische Eisenbahnen
CP Portugiesische Eisenbahnen
DB Deutsche Bahn AG
DSB Dänische Staatsbahnen
HZ Kroatische Eisenbahnen
MAV/GYSEV Ungarische Staatsbahnen
MZ Mazedonische Eisenbahnen Transport
NS Niederländische Eisenbahnen
ÖBB Österreichische Bundesbahnen
PKP Intercity Polnische Staatsbahnen
RENFE Spanische Eisenbahnen
SBB/CFF Schweizerische Bundesbahnen
SNCB/NMBS Belgische Eisenbahnen
SNCF Französische Eisenbahnen
SV Serbische Eisenbahn
SZ Slowenische Staatsbahnen
TI Italienische Staatsbahnen
ZCG Eisenbahnen Montenegros
ZSSK Slowakische Bahnen

Begleitpersonen für Rollstuhlfahrer

Beförderer, die die Mitnahme einer kostenfreien Begleitperson akzeptieren:

CD Tschechische Bahnen
CFL Luxemburgische Eisenbahnen
DB Deutsche Bahn AG
DSB Dänische Staatsbahnen
MAV-Start/GYSEV Ungarische Eisenbahnpersonenverkehr AG
NS Niederländische Eisenbahnen
ÖBB Österreichische Bundesbahnen
SBB/CFF Schweizerische Bundesbahnen
SNCB/NMBS Belgische Eisenbahnen
SZ Slowenische Staatsbahnen
Trainose Griechische Eisenbahn
ZSSK Slowakische Bahnen

Begleitpersonen für sonstige Personen mit Behinderungen oder eingeschränkter Mobilität, Assistenzhund

Beförderer, die die Mitnahme einer kostenfreien Begleitperson bzw. kostenfreien Assistenzhundes akzeptieren:

CD Tschechische Bahnen
CFL Luxemburgische Eisenbahnen
DB Deutsche Bahn AG
DSB Dänische Staatsbahnen
NS Niederländische Eisenbahnen
ÖBB Österreichische Bundesbahnen
SBB/CFF Schweizerische Bundesbahnen
SNCB/NMBS Belgische Eisenbahnen
Trainose Griechische Eisenbahn
ZSSK Slowakische Bahnen

> ***Praxis-Tipp:***
>
> *Die Mobilitätsservice-Zentrale der Deutschen Bahn beantwortet Fragen zu Bahnreisen von Menschen mit Behinderung:*
>
> *Tel. 0180 6512512*
> *E-Mail: msz@deutschebahn.com*
> *Internet: www.bahn.de/barrierefrei*
> *Live-Chat: www1.deutschebahn.com/msz-chat/start-2834030*

Erleichterungen im Flugverkehr

§ **Rechtsgrundlagen zum Nachlesen**

Verordnung EG Nr. 1107/2006 über die Rechte von behinderten Flugreisenden und Flugreisenden mit eingeschränkter Mobilität

Die EU-Verordnung Nr. 1107/2006 enthält Vorschriften für den Schutz und die Hilfeleistung für behinderte Flugreisende und Flugreisende mit eingeschränkter Mobilität, die diese Personen vor Diskriminierung schützen und sicherstellen sollen, dass sie Hilfe erhalten. So Artikel 1 der Verordnung, die europaweit unmittelbar gilt. Nach dieser Verordnung haben Menschen mit Behinderung grundsätzlich einen Anspruch auf Beförderung. Dies gilt nur dann nicht, wenn die Beförderung physisch unmöglich ist (z. B. weil die Tür des Flugzeugs nicht groß genug ist) oder wenn Sicherheitsvorschriften, die in einer Rechtsvorschrift festgelegt oder von der Luftfahrtbehörde angeordnet wurden, entgegenstehen.

Flughafenbetreiber müssen behinderten Personen und Personen mit eingeschränkter Mobilität bestimmte kostenlose Hilfeleistungen auf allen Flughäfen der EU gewährleisten, soweit der Hilfebedarf mindestens 48 Stunden vor Abflug angemeldet wird. Dazu gehören unter anderem:

- Einrichtung von ausgewiesenen Ankunfts- und Abfahrtsorten, an denen behinderte Flugreisende und Flugreisende mit eingeschränkter Mobilität ihre Ankunft am Flughafen bekannt geben und um Hilfe bitten können
- auf Wunsch des oben genannten Personenkreises die Gewährleistung von Unterstützung bei der Abfertigung bzw. bei der Aufgabe von Gepäck
- Voraussetzungen zu schaffen, dass Luftfahrzeuge ggf. mit Hilfen (Rollstuhl, Lift) erreicht bzw. verlassen werden können.

Bei Flügen, die in der EU beginnen, müssen auch die Luftfahrtunternehmen bestimmte Hilfeleistungen an Bord kostenlos anbieten. Auch hier ist der Hilfebedarf mindestens 48 Stunden vor Abflug anzumelden. Hierzu gehören:

- Beförderung von bis zu zwei Mobilitätshilfen pro Person mit eingeschränkter Mobilität bei vorheriger Anmeldung
- Beförderung von anerkannten Blindenführhunden
- Bereitstellung von wesentlichen Informationen über einen Flug in zugänglicher Form
- Bereitstellung von Hilfeleistungen, um zu den Toiletten zu gelangen

Wichtig: Die Fluggesellschaften befördern grundsätzlich nur zusammenklappbare Rollstühle, die nicht motorbetrieben sind.

Praxis-Tipp:

Für Auskünfte und Informationen steht das Bürgertelefon des Luftfahrt-Bundesamts zur Verfügung:
Bürgertelefon: 0531 2355 115, E-Mail: fluggastrechte@lba.de
Beschwerden können Sie der Leitung des Flughafens oder dem betreffenden Luftfahrtunternehmen mitteilen. Wenn nach Reklamationen keine zufriedenstellende Lösung erreicht wurde, haben Sie die Möglichkeit für deutsche Flughäfen und für Flüge von Fluggesellschaften, die von deutschen Flughäfen abgehen, die Beschwerdestelle des Luftfahrt-Bundesamt zu kontaktieren: Luftfahrt-Bundesamt, Hermann-Blenk-Str. 26, 38144 Braunschweig, E-Mail: durchsetzungsstelle@lba.de

Parkerleichterungen, Behindertenparkplatz

Für Menschen mit Behinderung besonders wichtig sind Parkerleichterungen, um sich in den Städten und Gemeinden eigenständig und selbstbestimmt bewegen zu können.

Der Schwerbehindertenausweis alleine reicht allerdings noch nicht aus, um Parkerleichterungen in Anspruch nehmen zu können. Zusätzlich benötigt man einen speziellen Parkausweis.

Je nach Merkzeichen gibt es verschiedene Parkausweise, die mit unterschiedlichen Parkberechtigungen verbunden sind:

Orangefarbener Parkausweis

Der Antrag auf den orangen Parkausweis wird bei der für den Wohnort zuständigen Straßenverkehrsbehörde gestellt. Dieser Ausweis gilt dann in ganz Deutschland, nicht aber im Ausland.

Folgende Personen können einen solchen Parkausweis erhalten:

- Merkzeichen „G“ und „B“ und GdB von wenigstens 80 allein wegen der Funktionsstörungen an den unteren Gliedmaßen sowie der Lendenwirbelsäule, soweit sich diese auf das Gehvermögen auswirken
- Merkzeichen „G“ und „B“ und GdB von wenigstens 70 allein wegen der Funktionsstörungen an den unteren Gliedmaßen sowie der Lendenwirbelsäule, soweit sich diese auf das Gehvermögen auswirken und gleichzeitig einem GdB von wenigstens 50 wegen Funktionsstörungen des Herzens oder der Atmungsorgane
  Hinweis: In Nordrhein-Westfalen reicht das Merkzeichen „G“ aus, das Merkzeichen „B“ ist nicht notwendig. Geparkt werden darf dann aber mit dem Ausweis nur in Nordrhein-Westfalen.
- Morbus-Crohn bzw. Colitis-Ulcerosa mit einem GdB von wenigstens 60 wegen dieser Erkrankung
- doppeltes Stoma (künstlicher Darmausgang und künstliche Harnableitung) mit einem GdB von wenigstens 70 und Auswirkungen auf die Gehfähigkeit

Der orange Parkausweis berechtigt zu folgenden Ausnahmen, wenn in zumutbarer Entfernung keine andere Parkmöglichkeit besteht:

- Bis zu drei Stunden im eingeschränkten Halteverbot parken (Parkscheibe einlegen!)
- Überschreiten der zugelassenen Parkdauer im Bereich eines Zonenhalteverbots, in dem durch Zusatzzeichen das Parken zugelassen ist; Höchstparkdauer 24 Stunden
- Parken über die zugelassene Zeit hinaus an Stellen, die durch Zeichen 314 „Parkplatz“ oder Zeichen 315 „Parken auf Gehwegen“ gekennzeichnet sind und für die durch ein Zusatzschild eine Begrenzung der Parkzeit angeordnet ist

- Parken während der Ladezeit in Fußgängerzonen, in denen das Be- oder Entladen für bestimmte Zeiten freigegeben ist
- bis zu drei Stunden Parken auf Anwohnerparkplätzen (Parkscheibe einlegen!)
- Parken an Parkuhren und bei Parkscheinautomaten ohne Gebühr und ohne zeitliche Begrenzung; Höchstparkdauer 24 Stunden
- Parken in verkehrsberuhigten Bereichen (Zeichen 325 StVO) außerhalb der gekennzeichneten Flächen, ohne den durchgehenden Verkehr zu behindern; Höchstparkdauer 24 Stunden

Wichtig: Die Nutzung von ausgewiesenen Behindertenparkplätzen (Rollstuhl-Symbol) ist mit dem organgefarbenen Parkausweis grundsätzlich nicht erlaubt! Landesrecht kann dies aber genehmigen (z. B. Berlin, Brandenburg). Erkundigen Sie sich in Ihrer Stadt oder Gemeinde, ob die bundesrechtlichen Vorschriften gelten oder ob das Bundesland eine Ausnahme getroffen hat.

EU-einheitlicher blauer Parkausweis

Folgende Personen können einen internationalen blauen Parkausweis erhalten:

- Schwerbehinderte Menschen mit außergewöhnlicher Gehbehinderung (Merkzeichen „aG“)
- Blinde Menschen (Merkzeichen „Bl“)
- Contergan-Geschädigte (beidseitige Amelie oder Phokomelie) und Menschen mit vergleichbarer Behinderung

Inhaber des blauen Parkausweises dürfen an den gleichen Stellen parken wie Inhaber des orangen Parkausweises. Zusätzlich haben sie das „Privileg“ das Kraftfahrzeug auch auf Behindertenparkplätzen (Parkplätzen mit Rollstuhl-Symbol) abzustellen. Auch hier ist Voraussetzung für das Parken, dass in zumutbarer Entfernung keine andere Parkmöglichkeit besteht.

Teilweise bzw. wenn genügend Parkraum zur Verfügung steht, kann diesen Personen auch ein personenbezogener Einzelparkplatz reserviert werden; hier ist bei der örtlichen Straßenverkehrsbehörde nachzufragen.

Der Antrag auf Ausstellung dieses Parkausweises ist ebenfalls bei der am Wohnsitz zuständigen Straßenverkehrsbehörde zu stellen.

Der blaue Parkausweis wird mit einem Lichtbild versehen. Er kann in jedem Fahrzeug, das den Schwerbehinderten transportiert, genutzt werden. Das Fahrzeug muss also nicht auf den schwerbehinderten Menschen zugelassen sein.

Wichtig: Die Nutzung des Parkausweises, ohne den Inhaber zu befördern, ist aber eine missbräuchliche Handlung und kann zur Einziehung des Ausweises führen. Er darf also nicht verwendet werden, wenn nur eine Besorgung für die behinderte Person zu erledigen ist, ohne dass diese mitfährt. Erlaubt ist es aber, den schwerbehinderten Menschen an einen Ort zu bringen und von dort wieder abzuholen und in der Zwischenzeit „leer" zu fahren.

Praxis-Tipp

Eigentlich wurde der blaue Parkausweis eingeführt, weil man in ganz Europa eine Vereinheitlichung der Parkmodalitäten für Menschen mit Behinderung erreichen wollte. Dieses Ziel ist allerdings leider bis heute nicht vollständig erfüllt, da nach wie vor jedes Land doch spezielle Regelungen getroffen hat. Bei einer Auslandsreise sollten Sie sich schlau machen, welche Rechte Ihnen im Reiseland durch den blauen Parkausweis zustehen (z. B. beim ADAC).

Landesrechtliche Parkausweise, Parkerleichterungen

In manchen Bundesländern gibt es neben dem orangen und blauen Ausweis weitere Sonderregelungen.

In Bayern etwa gibt es einen dunkelblauen Parkausweis mit Vermerk „nur BY". Personen, die Anspruch auf einen orangefarbenen Parkausweis haben, können mit diesem dunkelblauen Ausweis innerhalb Bayerns ebenfalls auf den Behindertenparkplätzen parken.

In Schleswig-Holstein, Mecklenburg-Vorpommern und Rheinland-Pfalz gibt es zusätzlich noch einen gelben Parkausweis. Schwerbehin-

2

derte Menschen mit dem Merkzeichen „G“, einem GdB von wenigstens 70 und Gehvermögen für eine maximale Gehstrecke von 100 Meter sowie Personen wegen erheblicher vorübergehender oder noch nicht amtlich anerkannter dauernder Gehbehinderung oder Mobilitätsbeeinträchtigung (maximale Gehstrecke von 100 Meter) können diesen Ausweis mit den Vorteilen nutzen wie beim orangen Parkausweis. Eine Berechtigung zum Parken auf Behindertenparkplätzen ist damit nicht verbunden.

Teilweise werden in den Bundesländern auch vorläufige oder vorübergehende Parkerleichterungen auf Antrag gewährt (z. B. in Niedersachsen).

Sonstige Parkerleichterungen

Ohnhänder und Personen, die mit den verbliebenen Teilen der Hand eine Parkuhr nicht bedienen können (z. B. bei Verlust von vier Fingern an jeder Hand) ist in ganz Deutschland das gebührenfreie Parken an Parkuhren und Parkscheinautomaten, Parken im Zonenhalteverbot und auf Parkplätzen mit zeitlicher Begrenzung ohne Betätigung der Parkscheibe erlaubt.

Kleinwüchsige Menschen mit einer Körpergröße von 1,39 m und darunter dürfen in ganz Deutschland an Parkuhren und Parkautomaten für die Dauer der jeweiligen angegebenen Höchstdauer gebührenfrei parken.

> ***Praxis-Tipp:***
>
> *Aufgrund der teilweise unterschiedlichen Regelungen in den Bundesländern – und zum Teil auch innerhalb der Kommunen, je nachdem, ob es sich um einen Ballungsraum handelt oder nicht – ist dringend anzuraten, beim zuständigen Versorgungsamt bzw. der örtlichen Straßenverkehrsbehörde nachzufragen, welche Parkerleichterungen in Frage kommen.*

Straßenverkehrsordnung beachten

Die Parkerleichterungen gelten im Gültigkeitsbereich der Straßenverkehrsordnung (StVO), also im öffentlichen Verkehrsbereich. Folgende Voraussetzungen gilt es zu beachten:

- Von der Genehmigung darf nur unter Beachtung der Grundregeln des Straßenverkehrs (§ 1 StVO) Gebrauch gemacht werden.
- Die Genehmigung berechtigt nicht zum Halten oder Parken an sonstigen Stellen, an denen dies nach § 12 StVO unzulässig ist (z. B. unübersichtliche Straßenstellen, scharfe Kurven, Feuerwehrzufahrten). Dies gilt insbesondere innerhalb der durch Zeichen 283 StVO (absolutes Halteverbot) gekennzeichneten Verbotsstrecken.
- Weisungen von Polizeibeamten sind zu befolgen.
- Der Parkberechtigte ist verpflichtet, bei Inanspruchnahme der Parkerleichterungen den Genehmigungsbescheid mitzuführen und zuständigen Personen auf Verlangen zur Prüfung auszuhändigen.
- Während des Parkens ist der Parkausweis bzw. die Ausnahmegenehmigung an der Innenseite der Windschutzscheibe gut lesbar anzubringen; ggf. auch der Zusatzausweis.
- Beim Parken im eingeschränkten Halteverbot und im Bereich eines Zonenhalteverbots, wenn durch Zusatzschild das Parken nicht zugelassen ist, ist zusätzlich die Ankunftszeit durch eine Parkscheibe nachzuweisen.
- Soweit zum Zeichen „Parkplatz“ das Zusatzzeichen „Pkw“ angeordnet ist, darf dort mit anderen Fahrzeugen nicht geparkt werden; beim „Parken auf Gehwegen“ (Zeichen 315 StVO) darf das zulässige Gesamtgewicht des Fahrzeugs nicht mehr als 2,8 t betragen.
- Der Parkberechtigte ist verpflichtet, jede Änderung seiner Anschrift und der für die Erteilung der Genehmigung maßgebenden Umstände unverzüglich der Genehmigungsbehörde mitzuteilen.
- Die Genehmigung wird unter dem Vorbehalt des jederzeitigen Widerrufs erteilt. Sie wird widerrufen, wenn der Parkberechtigte die Sicherheit des Straßenverkehrs gefährdet, wenn der Grund für die Genehmigung entfällt oder die Genehmigung missbraucht wurde.

Fahren in Umweltzonen

§ **Rechtsgrundlagen zum Nachlesen**

Verordnung zur Kennzeichnung der Kraftfahrzeuge mit geringem Beitrag zur Schadstoffbelastung (35. BlmSchV), dort Anhang 3 Ziffer 6

Um die Feinstaubbelastung der Luft zu verringern, gibt es seit 2008 in vielen deutschen Städten sogenannte Umweltzonen. Dort dürfen nur Fahrzeuge einfahren, deren Schadstoffausstoß bestimmte Grenzwerte nicht überschreitet. Wer Umweltzonen mit einem Fahrzeug befahren möchte, benötigt eine Feinstaubplakette. Für alle anderen Fahrzeuge besteht in diesem Gebiet ein Fahrverbot.

Kraftfahrzeuge, mit denen Personen fahren oder gefahren werden, die außergewöhnlich gehbehindert, hilflos oder blind sind und in ihrem Schwerbehindertenausweis die Merkzeichen „aG“, „H“ oder „Bl“ haben, sind generell vom Fahrverbot ausgenommen. Das Fahrzeug, mit dem sie fahren oder gefahren werden, benötigt keine Plakette.

Die Fahrberechtigung kann durch den Schwerbehindertenausweis oder einen Parkausweis nachgewiesen werden. Es muss also keine Ausnahmegenehmigung beantragt werden.

Praxis-Tipp:

Kommunen können das Einfahren in die Umweltzone ohne gültige Feinstaubplakette auch in sonstigen Ausnahmefällen genehmigen (insbesondere bei Merkzeichen „G“ oder bei Vorliegen eines EU-Parkausweises). Sollte bei Ihnen am Ort eine Umweltzone eingerichtet sein und gehören Sie nicht zum Personenkreis mit oben genannten Sonderrechten, sollten Sie sich erkundigen, ob und welche Ausnahmen die Kommune zulässt.

Diesel-Fahrverbote

In mehr als 70 Städten herrscht aufgrund zu hoher Stickstoffdioxid-Werte so schlechte Luft, dass Diesel-Fahrverbote drohen oder bereits angewandt werden (wie etwa in Hamburg seit Juni 2018 oder in Stuttgart seit 2019). Fragt sich, wie es sich hier mit einer Ausnahme für Menschen mit Schwerbehinderung verhält.

Die Anordnung von Fahrverboten ist Ländersache. Jedes Bundesland legt dazu die Kriterien und Rahmenbedingungen fest. Daher wird dringend angeraten, sich an die jeweilige Stadt/Kommune zu wenden und nachzufragen, wie das Fahrverbot ausgestaltet ist.

Baden-Württemberg (und damit Stuttgart) beispielsweise wendet die Ausnahmeregelung wie bei „Fahren in Umweltzonen" an: Wer einen Schwerbehindertenausweis mit dem Merkzeichen „aG, „H" oder „BI" vorweisen kann, ist vom Diesel-Fahrverboten ausgeschlossen. Menschen mit dem Merkzeichen „G" oder mit einem EU-Parkausweis für Gleichgestellte können eine Ausnahmegenehmigung beantragen.

Befreiung von der Gurtpflicht

§ **Rechtsgrundlagen zum Nachlesen**

§ 21 Straßenverkehrsordnung (StVO)

Ist das Anlegen von Sicherheitsgurten aus gesundheitlichen Gründen nicht möglich, kann auf Antrag bei der Stadt- oder Gemeindeverwaltung eine Ausnahme erteilt werden.

In einem ärztlichen Attest muss ausdrücklich bestätigt werden, dass aufgrund des ärztlichen Befundes die Gurtanlegepflicht nicht erfüllt werden kann. Wichtig ist auch, dass aus der ärztlichen Bescheinigung hervorgeht, für welchen Zeitraum die Befreiung notwendig ist. Grundsätzlich gilt, dass die Gurtbefreiung nicht länger gültig sein darf als wirklich notwendig. Falls der Arzt bestätigt, dass es sich um einen nicht besserungsfähigen Dauerzustand handelt, kann die Befreiung auch auf unbefristete Zeit ausgestellt werden.

Zur Gurtbefreiung darf es keine Alternative geben. Eine Umrüstung des Fahrzeugs auf andere Gurtarten wird als zumutbar betrachtet, zum Beisipiel anstelle des üblichen Drei-Punkt-Gurts die Verwendung eines Hosenträgergurts.

Behindertentoilette

Es gibt einen einheitlichen Zentralschlüssel (Euro WC-Schlüssel), mit dem alle Behindertentoiletten auf deutschen Autobahnraststätten aufgeschlossen werden können. Der Schlüssel passt auch auf österreichischen und schweizerischen Raststätten sowie für Behindertentoiletten in vielen Städten Deutschlands.

Einen solchen Schlüssel können Menschen mit Behinderung kostenpflichtig erhalten (Stand 2019: 23 Euro). Er ist für Menschen gedacht, die auf behindertengerechte Toiletten angewiesen sind (z. B. schwer Gehbehinderte, Rollstuhlfahrer, Stomaträger, Blinde, an Multipler Sklerose, Morbus Crohn, Colitis ulcerosa Erkrankte, Menschen mit chronischen Blasen-/Darmleiden).

Bei Vorliegen des Merkzeichens „aG“, „B“, „H“ oder „Bl“ oder eines GdB von mindestens 70 und Merkzeichen „G“ kann der Schlüssel bestellt werden. Dabei ist eine Kopie des Schwerbehindertenausweises, bei Morbus Crohn oder Colitis ulcerosa ein ärztlicher Nachweis mitzusenden.

> ***Praxis-Tipp:***
>
> *Näheres erfahren Sie beim Club Behinderter und ihrer Freunde Darmstadt e. V., der den Verkauf und die Versendung durchführt; Tel.: 06151 8122-0, Internet: www.cbf-da.de*

Behinderten-Fahrdienste

In vielen Städten oder Gemeinden wird ein Fahrdienst für Menschen mit Behinderung angeboten. Dieser Fahrdienst wird meistens von Wohlfahrtsverbänden wie Malteser-Hilfsdienst, Johanniter, Arbeiterwohlfahrt etc. durchgeführt. Hier können die Fahrten terminiert werden. Dabei kann es sich um Besuche bei Freunden oder Verwandten handeln oder um das Erledigen von Einkäufen.

Wichtig: Grundsätzlich können Menschen mit Behinderung diesen Fahrdienst in Anspruch nehmen, wenn sie einen Schwerbehindertenausweis mit dem Merkzeichen „aG“ haben und kein eigenes Fahrzeug besitzen. Die Anzahl der Fahrten ist meistens auf drei oder vier je Monat begrenzt. Oder es wird ein Kostenbudget vorgegeben, das die Freifahrten mit einem bestimmten (Taxi-)unternehmen regelt.

Praxis-Tipp:

Erkundigen Sie sich bei Ihrer zuständigen Gemeinde, Kreis- oder Stadtverwaltung nach den Möglichkeiten eines Fahrdienstes. Zuständig ist dort das Sozialamt.

Vergünstigungen beim Autokauf

Manche Automobilhersteller gewähren einen Preisnachlass beim Neuwagenkauf. In der Regel wird ein GdB ab 50 und eines der Merkzeichen „G“, „aG“, „H“ oder „Bl“ gefordert. Voraussetzung für den Preisnachlass ist aber, dass der Neuwagen auf den Menschen mit Behinderung selbst zugelassen wird.

Praxis-Tipp:

Erkundigen Sie sich beim Bund behinderter Auto-Besitzer e. V., 66443 Bexbach, Postfach 1202, Tel.: 06826 5782, Fax: 06826 510428, Internet: www.bbab.de

Menschen, die aufgrund ihrer Behinderung zum Erreichen des Ausbildungs- oder Arbeitsplatzes auf ein Kraftfahrzeug angewiesen sind, können vom Rehabilitationsträger Finanzierungshilfen zur Beschaffung eines geeigneten Fahrzeugs erhalten. Die Hilfen schließen eine behindertengerechte Zusatzausstattung ein. Weitere Informationen dazu finden Sie in Kapitel 4, dort Kraftfahrzeughilfe.

Rabatt in der Kfz-Versicherung

2

Es gibt heute nur noch wenige Versicherungsgesellschaften, die bei der Kfz-Versicherung einen Sonderrabatt gewähren; dieser gesetzlich vorgeschriebene Rabatt wurde mit der Freigabe der Versicherungsbedingungen vor gut zehn Jahren gestrichen. Das betrifft sowohl die Kfz-Haftpflichtversicherung als auch die Voll- und Teilkaskoversicherung.

Praxis-Tipp:

Oft koppeln Autohersteller, die beim Neuwagenverkauf Rabatte geben, diesen Verkauf mit der Möglichkeit eine verbilligte Versicherung abzuschließen. Erkundigen Sie sich nach günstigen Versicherungsbeiträgen, wenn Sie sich nach einem Neuwagen umschauen. Bedenken Sie aber und vergleichen Sie: eine Gesellschaft, die keinen Sonderrabatt für schwerbehinderte Menschen gewährt, kann trotzdem preiswerter sein als ein Anbieter mit Sonderrabatten.

3.

Nachteilsausgleiche Kommunikation, Wohnen

3

Kommunikationshilfen bei Behördengängen

3

§ **Rechtsgrundlagen zum Nachlesen**

§ 17 Abs. 2 SGB I

Behindertengleichstellungsgesetz des Bundes, Landesbehindertengleichstellungsgesetze der Bundesländer

Kommunikationshilfenverordnung des Bundes und des jeweiligen Bundeslandes

Gehörlose und hörbehinderte Menschen und Menschen mit eingeschränkter Sprechfähigkeit haben das Recht, sich mit den Behörden einschließlich der Gerichte des Landes sowie den Behörden der Gemeinden, der Gemeindeverbände und der sonstigen der Aufsicht des Landes unterstehenden juristischen Personen des öffentlichen Rechts in Deutscher Gebärdensprache, mit lautsprachbegleitenden Gebärden oder mit anderen geeigneten Kommunikationshilfen zu verständigen, soweit dies zur Wahrnehmung eigener Rechte im Verwaltungsverfahren erforderlich ist.

Bei der Ausführung von Sozialleistungen gilt dies auch für ärztliche Untersuchungen und Behandlungen.

Die Behörden haben dazu die Übersetzung durch Gebärdendolmetscher oder die Verständigung mit anderen Kommunikationshilfen sicherzustellen. Sie tragen auch die Kosten für diese Maßnahmen.

Ermäßigung des Rundfunkbeitrags, Befreiung

§ **Rechtsgrundlagen zum Nachlesen**

§ 4 Rundfunkbeitragsstaatsvertrag

Seit 01.01.2013 gibt es die GEZ nicht mehr. Der Rundfunkbeitrag (zu Zeiten der GEZ wurde dieser als Rundfunkgebühren bezeichnet) wird seitdem vom Beitragsservice von ARD, ZDF und Deutschlandradio in Köln erhoben. Es wird pro Wohnung ein Beitrag berechnet; die Anzahl der Rundfunk-/Fernsehgeräte und Personen in einer Wohnung spielt dabei keine Rolle mehr (sog. Haushaltsabgabe).

> ***Praxis-Tipp:***
>
> *Als „beitragsbefreite Raumeinheiten" gelten seit 01.01.2017 Zimmer mit vollstationärer Pflege in Alten- und Pflegewohnheimen, Zimmer in Hospizen oder Zimmer in Wohneinrichtungen, die Leistungen für Menschen mit Behinderung erbringen und hierzu mit dem Träger der Sozialhilfe eine Vereinbarung geschlossen haben. Deren Bewohner müssen keinen Rundfunkbeitrag zahlen.*

Menschen, denen das Merkzeichen „RF" zuerkannt wurde, können eine Ermäßigung des Rundfunkbeitrags beantragen (ein Drittel der regulären monatlichen Gebühr). Der ermäßigte Beitrag beträgt 5,83 Euro pro Monat (Stand: Dezember 2020). Einen Antrag können stellen:

- blinde oder nicht nur vorübergehend wesentlich sehbehinderte Menschen mit einem GdB von wenigstens 60 allein wegen der Sehbehinderung.
- gehörlose oder hörgeschädigte Menschen, denen eine ausreichende Verständigung über das Gehör auch mit Hörhilfen nicht möglich ist.
- Menschen mit Behinderung, deren GdB nicht nur vorübergehend wenigstens 80 beträgt und die wegen ihres Leidens an öffentlichen Veranstaltungen ständig nicht teilnehmen können.

Folgende Personen können unabhängig vom Merkzeichen „RF" einen Antrag auf Befreiung von der Rundfunkbeitragspflicht stellen:

- taubblinde Menschen
- Empfänger von Blindenhilfe
- Sozialhilfeempfänger, die Hilfe zum Lebensunterhalt beziehen
- Empfänger von Grundsicherung im Alter und bei Erwerbsminderung
- Empfänger von Arbeitslosengeld II oder Sozialgeld (Hartz IV)
- Empfänger von Hilfe zur Pflege, von der Kriegsopferfürsorge (Pflegegeld) oder Sonderfürsorgeberechtigte (§ 27e Bundesversorgungsgesetz)
- Empfänger von Pflegezulage bei Kriegsschadenrente (§ 267 Lastenausgleichsgesetz)

- Empfänger von Berufsausbildungsbeihilfe und von Ausbildungsgeld nach dem Arbeitsförderungsrecht (SGB III), die nicht mehr bei den Eltern wohnen
- Kinder, Jugendliche und junge Volljährige, die – finanziert durch die Kinder- und Jugendhilfe – in einer stationären Einrichtung leben

Die Ermäßigung oder Befreiung erstreckt sich auch auf den Ehepartner und auf im Haushalt lebende volljährige Kinder bis zum vollendeten 25. Lebensjahr und deren Ehepartner. Leben allerdings weitere beitragspflichtige Erwachsene im Haushalt, so muss der volle Beitrag entrichtet werden, denn in diesem Fall gilt das Prinzip der Haushaltsabgabe.

> ***Praxis-Tipp:***
>
> *Das Antragsformular erhalten Sie unter www.rundfunkbeitrag.de in der Rubrik „Der Rundfunkbeitrag für Menschen mit Behinderung“. Sie können es online ausfüllen und anschließend ausdrucken. Sie erhalten das Formular aber auch bei Städten und Gemeinden bzw. falls Sie Sozialleistungen beziehen bei der zuständigen Behörde.*

Sie erhalten die Befreiung von der Rundfunkbeitragspflicht oder die Ermäßigung des Rundfunkbeitrags ab dem auf dem Bewilligungsbescheid/der Bescheinigung genannten Leistungsbeginn, wenn Sie den Antrag binnen zwei Monaten einreichen, nachdem der Bewilligungsbescheid von der Behörde erstellt wurde. Maßgeblich ist das Erstellungsdatum des Bescheids, nicht das Ausstellungsdatum der Bescheinigung. Geht der Antrag erst nach Ablauf von zwei Monaten bei dem Beitragsservice von ARD, ZDF und Deutschlandradio ein, erfolgt die Befreiung oder Ermäßigung ab dem Folgemonat nach Eingang des Antrags.

In der Regel gilt die Befreiung von der Rundfunkbeitragspflicht oder die Ermäßigung des Rundfunkbeitrags, solange die jeweilige Leistung gewährt wird. Stellen Sie rechtzeitig einen neuen Antrag auf Befreiung oder Ermäßigung.

Eine rückwirkende Befreiung vom Rundfunkbeitrag ist bis zu drei Jahren ab Antragstellung möglich. Notwendig ist dann aber der Nachweis, dass der Ermäßigungs- bzw. Befreiungstatbestand bereits vor der Antragstellung vorlag.

Sozialtarife der Telekom

Wer einen Schwerbehindertenausweis mit dem Merkzeichen „RF“ vorweisen kann, kann von der Deutschen Telekom eine Ermäßigung auf die monatliche Grundgebühr in Höhe von 6,94 Euro erhalten (Sozialtarif 1).

Wer blind, gehörlos oder sprachbehindert ist, bekommt bei einem GdB von mindestens 90 durch die Telekom eine Ermäßigung von monatlich 8,72 Euro (Sozialtarif 2).

Wichtig: Die Deutsche Telekom AG bietet für hör- und bewegungsbehinderte Menschen besondere Telefoneinrichtungen an.

Auch im Mobilfunkbereich gibt es Sondertarife für Menschen mit Behinderung mit einem GdB von mindestens 80. Fragen Sie gezielt danach.

Wichtig: BAföG-Empfänger erhalten ebenfalls den Sozialtarif und damit die Vergünstigung von monatlich 6,94 Euro, sofern sie vom Rundfunkbeitrag befreit sind.

Die genannten Beträge werden mit den Telefonkosten verrechnet. Der Sozialtarif ist freiwillig und kann jederzeit widerrufen werden. Er gilt auch nicht für alle Tarife der Telekom, beispielsweise ist er bei einer Telefon-Flatrate ausgeschlossen.

Praxis-Tipp:

Bei anderen Telekommunikationsanbietern gibt es zur Zeit keine Sondertarife für schwerbehinderte Menschen. Da die Preise generell stark gefallen sind, lohnt sich ein Preisvergleich.

Wohnungsumbau, Barrierefreies Wohnen

Die alters- und behindertengerechte Anpassung der Wohnung hilft oft schon sehr viel, um in den eigenen Wänden bleiben zu können. Der Gesetzgeber hat dies längst erkannt und an verschiedenen Stellen Förder- und Zuschussmöglichkeiten eingebaut.

- Die Kreditanstalt für Wiederaufbau (KfW) fördert den altersgerechten Umbau von Ein- und Zweifamilienhäusern sowie Miet- und Eigentumswohnungen mit eigenen Förderprogrammen. Beim Förderprogramm „Altersgerecht Umbauen, Investitionszuschuss 455-B" werden Einzelmaßnahmen zur Barrierereduzierung mit 10 Prozent, maximal 5.000 Euro je Wohneinheit der förderfähigen Kosten bezuschusst. Das Standard-Förderprogramm „Altersgerechtes Haus" gewährt einen Zuschuss von 12,5 Prozent bis maximal 6.250 Euro. Eine zinsgünstige, langfristige Finanzierung von Maßnahmen, mit denen Barrieren im Wohnungsbestand reduziert sowie der Wohnkomfort und die Sicherheit erhöht werden bietet „Kredit 159". Die Konditionen (Stand: Dezember 2020): bis 50.000 Euro Kredit je Wohnung, ab 0,78 Prozent effektiver Jahreszins. Die Nachfrage ist laut KfW unvermindert hoch. Die Fördermittel sind bald aufgebraucht. Deshalb ist eine schnelle Antragstellung angeraten. Näheres siehe unter: www.kfw.de
- Es gibt gezielte Förderprogramme, die von den einzelnen Bundesländern aufgelegt werden; teilweise werden die Umbauten auch über die Wohnbauförderung bezuschusst, für die dann bestimmte Einkommensgrenzen gelten (diese sind im Abschnitt „Zuschüsse zur Bildung von Wohneigentum" unten erläutert).
- Wer einen sogenannten „Wohn-Riester"-Vertrag abgeschlossen hat, kann das aufgebaute Vorsorgevermögen für den barrierefreien Umbau der eigenen Wohnung entnehmen; dies ist seit 01.01.2014 ausdrücklich gesetzlich vorgeschrieben.
- Auch vorhandene Summen aus dem Bausparvertrag können zum Umbau verwendet werden (siehe dazu den folgenden Abschnitt „Vorzeitige Verfügung über Bausparverträge").

- Liegt eine Einstufung durch die soziale Pflegeversicherung vor, so ist es bereits mit einem Pflegegrad 1 möglich, wohnumfeldverbessernde Maßnahmen durch die Pflegekasse (teil-)finanziert zu bekommen; weitere Informationen dazu finden Sie in Kapitel 8 „Leistungen der Pflegeversicherung".

> ***Praxis-Tipp:***
>
> *Zwischenzeitlich gibt es in vielen Städten und Kommunen kostenlose Wohnberater, die mit Ihnen die Wohnung/das Haus besichtigen und Empfehlungen zu wohnumfeldverbessernden Maßnahmen geben. Erkundigen Sie sich in der Gemeinde nach einem solchen Angebot. Auch während eines Begutachtungstermins für einen Pflegegrad werden entsprechende Empfehlungen ausgesprochen.*
> *Einen guten Überblick über Umbaumaßnahmen und deren Finanzierung geben die Internetseiten: www.online-wohn-beratung.de oder www.nullbarriere.de*

Verpflichtung des Vermieters zur Zustimmung?

Der Gesetzgeber hilft hier auch Mietern, die in ihrer Bewegungsfreiheit erheblich oder dauerhaft eingeschränkt sind. Nach § 554a BGB kann vom Vermieter die Zustimmung zu baulichen Veränderungen verlangt werden, die für eine behindertengerechte Nutzung erforderlich sind. Der Vermieter darf die Zustimmung nur verweigern, wenn sein Interesse an einer unveränderten Erhaltung der Mietsache das Interesse des Mieters an einer behindertengerechten Nutzung der Mietsache überwiegt (z. B. Genehmigungsfähigkeit wegen Umbau in Gemeinschaftseigentum, Belange der anderen Mieter, fehlende Rückbaumöglichkeiten). Ein berechtigtes Interesse vonseiten des Mieters liegt regelmäßig vor, wenn durch die Maßnahme eine Behinderung abgebaut oder geschmälert werden kann, um dem behinderten Mieter die uneingeschränkte Teilnahme am gesellschaftlichen Leben zu ermöglichen.

Der behindertengerechte Umbau umfasst bauliche Veränderungen innerhalb der Wohnung (z. B. ebene Türschwellen, Türverbreiterungen), aber auch Maßnahmen außerhalb der Wohnung (z. B. Treppenlift).

Der Vermieter kann seine Zustimmung von der Leistung einer angemessenen zusätzlichen Sicherheit für die Wiederherstellung des ursprünglichen Zustandes abhängig machen, also eine Sicherheitsleistung/zusätzliche (!) Kaution vom Mieter verlangen. Die Höhe der Sicherheitsleistung darf sich an den voraussichtlichen Rückbaukosten orientieren. Dem Vermieter darf dabei nicht zugemutet werden, dass er das Insolvenzrisiko eines Dritten übernimmt. Damit ist der Fall gemeint, dass Firmen, die Ein- oder Umbauten vornehmen, anbieten die Rückbaumaßnahmen kostenlos zu übernehmen. Hier hat das Amtsgericht Pankow eine entsprechende Entscheidung gefällt (Urteil vom 11.10.2012, Az. 3 C 181/12): Es ging um den Einbau eines Treppenlifts. Die Firma bot die Übernahme der Rückbaukosten kostenfrei an. Darauf muss sich der Vermieter nicht einlassen, befand das Amtsgericht. Dem Vermieter sei nicht zuzumuten, das Insolvenzrisiko eines Dritten zu übernehmen, den er sich nicht selbst als Vertragspartner ausgesucht hat.

Vorzeitige Verfügung über Bausparverträge

§ **Rechtsgrundlagen zum Nachlesen**

§ 4 Abs. 4 des Fünften Vermögensbildungsgesetzes

§ 2 Abs. 2 Wohnungsbau-Prämiengesetz (WoPG)

Für Vollerwerbsunfähige und deren Ehepartner ist eine vorzeitige Verfügung über einen Bausparvertrag möglich. Das Gleiche gilt für Verträge, für die eine Arbeitnehmersparzulage gewährt wurde und die nach dem Vermögensbildungsgesetz abgeschlossen wurden.

Im Wortlaut von § 4 Abs. 4 des Fünften Vermögensbildungsgesetzes bzw. in § 2 Abs. 2 des Wohnungsprämiengesetzes wird davon gesprochen, dass eine vorzeitige Auszahlung möglich ist, wenn eine volle Erwerbsunfähigkeit vorliegt. Das Bundesministerium der Finanzen führt dazu in seinen Hinweisen zur Anwendung des Fünften Vermögensbildungsgesetzes aus, was unter völliger Erwerbsunfähigkeit zu verstehen ist (vgl. BMF-Schreiben vom 29. November 2017): „Völlige Erwerbsunfähigkeit im Sinne des § 4 Absatz 4 Nummer 1 des 5. VermBG liegt vor bei einem Grad der Behinderung von mindestens 95[1]". Dabei muss der Grad der Behinderung mit Schwerbehindertenausweis bzw. mit dem Feststellungsbescheid des Versorgungsamts nachgewiesen werden. Nicht ausreichend ist – auch bei voller Erwerbsminderung – der Rentenbescheid zur Erwerbsminderungsrente (vgl. so schon das Urteil des Bundesfinanzhofs vom 25. April 1968, BStBl II Seite 606).

> **Wichtig:** Voraussetzung für die vorzeitige Verfügung ist, dass der Sparvertrag vor Feststellung der Behinderung abgeschlossen wurde. In diesen Fällen sind die Bausparprämien nicht gefährdet; das gilt auch, wenn die Sperrfrist noch nicht abgelaufen ist.

Im Fall der vorzeitigen Verfügung aufgrund von völliger Erwerbsunfähigkeit ist es auch unerheblich, wofür die Bausparsumme verwendet wird. Dies gilt sowohl für Bausparverträge, die vor dem 01.01.2009 abgeschlossen wurden, als auch für Verträge, die nach diesem Zeitpunkt geschlossen wurden. Auch bei diesen ist der Zwang zur wohnwirtschaftlichen Verwendung aufgehoben, wenn die völlige Erwerbsunfähigkeit nachgewiesen wird.

Wohngeld als Zuschuss zu den Mietkosten

§ **Rechtsgrundlagen zum Nachlesen**

§ 17 Wohngeldgesetz (WoGG)

Wohngeld können Mieter in Form eines Mietzuschusses erhalten, wenn sie bestimmte Einkommensgrenzen nicht überschreiten. Dasselbe gilt auch für Besitzer eines Eigenheims bzw. einer Eigentumswohnung; in diesem Fall handelt es sich um einen Lastenzuschuss.

1 Der GdB wird im Sozialrecht nur in 10er-Schritten angegeben. Anders war es bisher im Einkommensteuerrecht, hier agierte der Gesetzgeber mit 5er-Schritten (Fassung des § 33b EStG (Freibeträge) bis 31.12.2020. Nach neuer Rechtslage ab 01.01.2021 gibt es auch dort nur noch 10er-Schritte (siehe zu Freibeträgen auch Kapitel 5). Es ist davon auszugehen ist, dass eine Schwerbehinderung über 90, also GdB 100 gemeint ist.

Wichtig: Empfänger von „Existenzsicherungsleistungen" (Arbeitslosengeld II, Sozialgeld, Grundsicherung im Alter und dauerhafter Erwerbsminderung, Leistungen zum Lebensunterhalt) haben grundsätzlich keinen Anspruch auf Wohngeld. Angemessene Unterkunftskosten werden hier bereits im Rahmen der Leistungen nach SGB II und SGB XII vollständig übernommen.

Davon gibt es nur dann eine Ausnahme, wenn ausschließlich Leistungen empfangen werden, die keine Unterkunftskomponente in sich tragen, beispielsweise:

- Mehrbedarfszuschläge für Menschen mit Behinderung (im Bereich der Grundsicherung im SGB II: Erwerbsfähige, behinderte Hilfebedürftige, die berufliche Rehaleistungen sowie sonstige Hilfen zur Erlangung eines geeigneten Platzes im Arbeitsleben bekommen; im Bereich der Grundsicherung im SGB XII: Personen, die eine volle Erwerbsminderungsrente oder eine Regelaltersrente beziehen und Merkzeichen G oder Merkzeichen aG in ihrem Schwerbehindertenausweis haben)
- Mehrbedarfszuschläge für kostenaufwändige Ernährung (sog. Krankenkostzulage)
- Zuschuss zur Versicherungspflicht

Die Gewährung von Wohngeld ist unter anderem von folgenden Faktoren abhängig:

- Anzahl der im Haushalt lebenden Familienmitglieder
- Höhe des gesamten Familieneinkommens
- Höhe der monatlichen Miete

Wichtig: Bei der Ermittlung des Gesamteinkommens wird ein Freibetrag von 1.800 Euro bei einem GdB von 100 berücksichtigt. Bei einem GdB von mindestens 80 wird der Freibetrag bei Pflegebedürftigkeit im Sinne von § 14 SGB XI und gleichzeitiger häuslicher oder teilstationärer Pflege oder Kurzzeitpflege berücksichtigt.

Der Nachweis der Schwerbehinderteneigenschaft und des GdB soll mit Vorlage des Schwerbehindertenausweises oder des Feststellungsbescheids des Versorgungsamts geführt werden. Liegen solche Dokumente nicht vor, kann – laut der Verwaltungsvorschrift zum Wohngeldgesetz, die Mitte 2017 neu gefasst wurde – auch bei Vorliegen folgender Sachverhalte von einem Anspruch ausgegangen werden (es sei denn, beim Sachbearbeiter der Wohngeldstelle bestehen konkrete Zweifel):

- In Fällen häuslicher oder teilstationärer Pflege oder Kurzzeitpflege mit Nachweis der Pflegegrade 2 oder 3 wird von einem GdB von mindestens 50 ausgegangen.
- Bei Nachweis der Pflegegrade 4 oder 5 wird von einem GdB von 100 ausgegangen.

> ***Praxis-Tipp:***
>
> *Der Antrag auf Wohngeld erfolgt bei der örtlichen Wohngeldstelle, die auch weitere Auskünfte erteilt.*
> *Informationen gibt es auch beim Bundesministerium des Innern, für Bau und Heimat, unter: www.bmi.bund.de (dort: Themen | Bauen&Wohnen | Stadt&Wohnen | Wohngeld&Wohnraumförderung)*

Heimbewohner: Bei Pflegeheimbewohnern wird der Freibetrag nur anerkannt, wenn ein GdB von 100 vorliegt (so die neue Verwaltungsvorschrift zum Wohngeldgesetz, dort Nr. 17.3.1).

Darüber hinaus kann für Heimbewohner, die einem Pflegegrad zugeordnet sind, in einigen Bundesländern vom zuständigen Sozialhilfeträger Pflegewohngeld gewährt werden. Das Pflegewohngeld ist abhängig vom Einkommen und Vermögen. Pflegewohngeld gibt es aber nur noch in Nordrhein-Westfalen, Mecklenburg-Vorpommern und Schleswig-Holstein.

Zuschüsse zur Bildung von Wohneigentum

§ **Rechtsgrundlagen zum Nachlesen**

Wohnraumförderungsgesetz (WoFG)

Zielgruppe der sozialen Wohnraumförderung sind Haushalte, die sich am Markt nicht angemessen mit Wohnraum versorgen können und auf

Unterstützung angewiesen sind. Dazu gehören auch Menschen mit Behinderung.

Eine staatliche Förderung der Bildung selbst genutzten Wohneigentums erfolgt unter anderem bevorzugt für Familien, bei denen wegen einer Behinderung eines Haushaltsangehörigen ein besonderer baulicher Bedarf besteht.

Einen Rechtsanspruch auf eine Förderung gibt es nicht; es handelt sich um freiwillige Leistungen des jeweiligen Bundeslands. Je nach Bundesland muss ein unterschiedlicher Eigenkapitalanteil erbracht werden. Fördergelder werden nur genehmigt, wenn nach Abzug der monatlichen Belastung noch genug Geld zur Bestreitung des Lebensunterhalts zur Verfügung steht.

Die Förderung darf nur Haushalte begünstigen, deren Jahreseinkommen – nach Abzug von Steuern und gesetzlichen Pflichtversicherungen – folgende Grenzen nicht überschreitet:

- 12.000 Euro für einen Einpersonenhaushalt
- 18.000 Euro für einen Zweipersonenhaushalt
- zuzüglich 4.100 Euro für jede weitere Person (wenn die Person ein Kind ist, plus weitere 500 Euro)

Für Menschen mit Behinderung gibt es darüber hinaus noch folgende Abzugsbeträge (Freibeträge) vom Einkommen:

- 4.500 Euro für jeden schwerbehinderten Menschen mit einem GdB von 100
- 4.500 Euro für jeden schwerbehinderten Menschen mit einem GdB von wenigstens 80, wenn der schwerbehinderte Mensch häuslich pflegebedürftig im Sinne des § 14 SGB XI ist (also jedenfalls Pflegegrad 2)
- 2.100 Euro für jeden schwerbehinderten Menschen mit einem GdB von unter 80, wenn der schwerbehinderte Mensch häuslich pflegebedürftig im Sinne des § 14 SGB XI ist (also jedenfalls Pflegegrad 2)

> ***Praxis-Tipp:***
>
> *Der Bund legt mit dem Wohnraumförderungsgesetz lediglich die Rahmenbedingungen (wie etwa die eben dargestellten Einkommensgrenzen) fest. Die Bundesländer dürfen davon abweichen.*

Erkundigen Sie sich bei Ihrer Stadt oder Gemeinde, welche Förderprogramme es in Ihrem Bundesland und welche Voraussetzungen zur Förderung es gibt.

Sozialwohnung beantragen

§ **Rechtsgrundlagen zum Nachlesen**

Wohnungsbindungsgesetz (WoBindG)

Wer aus finanziellen Gründen in eine Sozialwohnung ziehen will, braucht zunächst einen Wohnberechtigungsschein. Antragstelle ist das Wohnungsamt bei der Gemeinde-, Stadt- oder Kreisverwaltung. Die Berechtigung für eine Sozialwohnung hängt dabei vom Gesamteinkommen ab. Es gelten dabei die oben bei der Wohnraumförderung dargestellten Einkommensgrenzen sowie die dort dargestellten Freibeträge für Menschen mit Behinderung.

Wichtig: Der Wohnberechtigungsschein ist für ein Jahr gültig. Nach Ablauf dieser Frist muss sich der Wohnungssuchende erneut bei der Behörde melden. Tut er dies nicht, wird der Wohnungssuchende automatisch gelöscht. Die „Verlängerung" des Wohnberechtigungsscheins erfordert eine erneute Prüfung der Einkommensverhältnisse.

Schutz vor Wohnungskündigung

§ **Rechtsgrundlagen zum Nachlesen**

§ 574 Bürgerliches Gesetzbuch (BGB)

Kündigt der Vermieter (z. B. wegen Eigenbedarf), kann der Mieter der Kündigung widersprechen und die Fortsetzung des Mietverhältnisses verlangen, wenn die Kündigung eine nicht zu rechtfertigende Härte für ihn oder einen Angehörigen seines Haushalts bedeuten würde. Diesen Rechtsanspruch gewährt § 574 BGB. Allerdings muss nachgewiesen werden, dass ein entsprechender Härtefall vorliegt.

Der Widerspruch ist schriftlich zu erklären und muss dem Vermieter grundsätzlich spätestens zwei Monate vor Beendigung des Mietverhältnisses zugehen (§ 574b BGB). In dem Widerspruch sollten unbedingt die Gründe dafür angegeben werden, weshalb ein Verbleib in der Wohnung unabdingbar ist.

Kommt eine Einigung zwischen Mieter und Vermieter nicht zustande, ist eine gerichtliche Entscheidung erforderlich. Bei der Prüfung werden dann die beiderseitigen Interessen von Vermieter und Mieter gegeneinander abgewogen. Wie man sich vorstellen kann, ist dieser Schutzparagraf (auch Sozialklausel genannt) sehr streitbehaftet und endet meist vor Gericht; die Anforderungen, die sich in der Rechtsprechung herauskristallisiert haben, sind recht hoch.

In folgenden Fällen kann die Sozialklausel für einen Verbleib in der Wohnung sprechen:

- Behinderung, schwere Krankheit (z. B. mehrfache körperliche und geistige Behinderung mit zu erwartender signifikanter Gesundheitsverschlechterung im Falle eines Umzugs – LG Lübeck, Urteil vom 21.11.2014, Az. 1 S 43/14; Autismus eines Angehörigen – LG Aachen, Urteil vom 28.09.2005, Az. 7 S 66/05; Multiple Sklerose mit Depressionen – LG Berlin, Urteil vom 08.07.2015, Az. 65 S 281/14; geistige Behinderung und Blindheit – LG Lübeck, Urteil vom 21.11.2014, Az. 1 S 43/14; Krankheitsbedingte Unfähigkeit zur Wohnungssuche – AG Berlin-Mitte, Urteil vom 07.06.2016, Az. 116 C 190/15)
- hohes Alter des Mieters, Verwurzelung alter Menschen im Haus und/oder in der Wohngegend (z. B. LG Köln, Urteil vom 01.10.1991, Az. 12 S 181/91; LG Düsseldorf, Urteil vom 26.06.1990, Az. 24 S 77/90; AG Bonn, Urteil vom 17.06.2010, Az. 201 C 39/10; LG Berlin, Urteil vom 25.01.2018, Az. 67 S 272/17)
- Pflege eines Angehörigen in der näheren Umgebung (AG Lübeck, Urteil vom 26.09.2002, Az. 27 C 1621/02)

Der Bundesgerichtshof (BGH) hat in zwei Entscheidungen vom 22.05.2019 (Az. VIII ZR 180/18 und VIII ZR 167/17) seine Rechtsprechung zu der Frage präzisiert, wann ein Mieter nach einer ordentlichen

Kündigung die Fortsetzung des Mietverhältnisses wegen unzumutbarer Härte verlangen kann.

- Im ersten Fall (Az. VIII ZR 180/18) lag ein berechtigter Eigenbedarf vor. Das Berufungsgericht hatte jedoch wegen des Alters der 82-jährigen Mieterin, des seit 1974 bestehenden Mietverhältnisses und deren Demenzerkrankung einen Härtefall bejaht. Folglich wäre nach Ansicht des Landgerichts Berlin das Mietverhältnis auf unbestimmte Zeit fortzusetzen.
- Im zweiten Fall (Az. VIII ZR 167/17) war das Landgericht Halle von einer wirksamen Kündigung des Vermieters wegen Eigenbedarf ausgegangen. Auch in diesem Fall trugen die Mieter Härtefallgründe vor und verlangten die Fortsetzung des Mietvertrags. Zur Begründung führten sie die zur Pflegestufe II führende Erkrankung eines der beklagten Mieter an. Durch Schizophrenie, Alkoholkrankheit, Inkontinenz, Demenz und Abwehrhaltung bei der Pflege sei eine erhebliche Einschränkung im Alltag gegeben. Mittels vorgelegten Attests eines Psychiaters wollten sie nachweisen, dass ein Zwangsumzug zu einer erheblichen Gesundheitsverschlechterung führen würde. Das Gericht hat die Mieter im zweiten Fall dennoch zur Räumung verurteilt. Eine Beweisaufnahme für den streitigen Eigenbedarf sei ebenso wenig erforderlich wie das beantragte Sachverständigengutachten zum Gesundheitszustand und zu den befürchteten Umzugsfolgen.

Der BGH hat in beiden Fällen das Berufungsurteil aufgehoben und die Sache zur weiteren Sachaufklärung – insbesondere zum Bestehen von Härtegründen – zurückverwiesen.

Da sowohl auf Seiten des Vermieters wie auf Seiten des Mieters grundrechtlich geschützte Belange (Eigentum beim Vermieter versus Gesundheit beim Mieter) betroffen seien, sei eine umfassende Sachverhaltsaufklärung sowie eine besonders sorgfältige Abwägung erforderlich, ob im jeweiligen Einzelfall die Interessen des Mieters an der Fortsetzung des Mietverhältnisses diejenigen des Vermieters an dessen Beendigung überwiegen.

Der BGH wies (wie schon in früheren Entscheidungen) nochmals darauf hin, dass bei Eigenbedarfsfällen keine Fallgruppen gebildet werden können. Insbesondere gebe es keine pauschalen Grenzen für ein bestimmtes Alter des Mieters oder eine bestimmte Mietdauer. Beide Faktoren könnten sich in Abhängigkeit von der Persönlichkeit des Mieters und dessen körperlicher sowie psychischer Verfassung unterschiedlich auf die Gesundheit auswirken. Ohne genaue Klärung des Sachverhalts – insbesondere durch Beweisaufnahme –ist daher eine Entscheidung nach Aktenlage nicht möglich.

Würden von dem Mieter für den Fall eines erzwungenen Wohnungswechsels indes substanziiert ihm drohende schwerwiegende Gesundheitsgefahren geltend gemacht, hätten sich die Gerichte beim Fehlen eigener Sachkunde regelmäßig mittels sachverständiger Hilfe ein genaues und nicht nur an der Oberfläche haftendes Bild zu verschaffen. Mittels des Sachverständigengutachtens sei zu klären, an welchen Erkrankungen der betroffene Mieter konkret leidet und wie sich diese auf seine Lebensweise und Autonomie sowie auf seine psychische und physische Verfassung auswirken. Dabei sei auch von Bedeutung, ob und inwieweit sich die mit einem Umzug einhergehenden Folgen mittels Unterstützung durch das Umfeld beziehungsweise durch begleitende ärztliche und/oder therapeutische Behandlungen mindern lassen. Nur eine solche Aufklärung versetze die Gerichte in die Lage, eine angemessene Abwägung bei der Härtefallprüfung des § 574 Abs. 1 Satz 1 BGB vorzunehmen.

4.

Nachteilsausgleiche im Arbeitsleben, Rente

Arbeitsrechtliche Schutzvorschriften

§ **Rechtsgrundlagen zum Nachlesen**

§§ 205 bis 209 SGB IX

4

Eine Schwerbehinderung muss man seinem Arbeitgeber im Normalfall nicht preisgeben. Doch ist es in vielen Fällen sinnvoll, den Arbeitgeber über den Eintritt einer Schwerbehinderung zu informieren. Damit sind für den Arbeitnehmer einige Vorteile verbunden, beispielsweise Zusatzurlaub, Kündigungsschutz, Freistellung von Mehrarbeit und die Möglichkeit der Teilzeitarbeit.

> ***Praxis-Tipp:***
>
> *Arbeitgeber können finanzielle Unterstützung erhalten, wenn sie schwerbehinderte Menschen beschäftigen. Fragen Sie hierzu bei der zuständigen Agentur für Arbeit oder dem für Ihre Region zuständigen Integrationsfachdienst nach.*
>
> *Adressen der Integrationsfachdienste können abgerufen werden unter: www.integrationsaemter.de (dort Kontakt | Integrationsfachdienste)*

Gleichstellungsantrag

§ **Rechtsgrundlagen zum Nachlesen**

§ 2 Abs. 3 SGB IX

Menschen gelten als schwerbehindert, wenn der festgestellte GdB mindestens 50 beträgt. Menschen mit einem GdB von weniger als 50, aber mindestens 30, können einen sogenannten Gleichstellungsantrag stellen. Das ist sinnvoll, wenn infolge der Behinderung ohne die Gleichstellung kein geeigneter Arbeitsplatz erlangt oder behalten werden kann.

Für die Gleichstellung von Menschen mit Behinderung mit schwerbehinderten Menschen ist eine Feststellung durch die Agentur für Arbeit erforderlich. Diese wird auf einen Antrag des Menschen mit Behinderung hin getroffen.

Wichtig: Die Gleichstellung wird bereits mit dem Tag des Antragseingangs wirksam, sie kann aber zeitlich befristet werden.

Gleichgestellte Menschen mit Behinderung können allerdings keinen Zusatzurlaub, vorgezogene Altersrente und keine unentgeltliche Beförderung in öffentlichen Verkehrsmitteln in Anspruch nehmen.

Wichtig: Menschen mit Behinderung werden nur gleichgestellt, wenn ihre wöchentliche Arbeitszeit mindestens 18 Stunden beträgt. Eine Gleichstellung kommt nur für das Erlangen oder Erhalten eines geeigneten Arbeitsplatzes in Betracht.

Eine Ausschlussliste, welche Arbeitsplätze dafür nicht in Frage kommen, finden Sie in § 156 SGB IX, zum Beispiel Ehrenämter, Beschäftigungen, die der Heilung, Wiedereingewöhnung oder Erziehung dienen, Arbeitsbeschaffungsmaßnahmen.

Zusatzurlaub

§ **Rechtsgrundlagen zum Nachlesen**

§ 208 SGB IX

Schwerbehinderten Menschen steht ein Zusatzurlaub von einer Arbeitswoche zu. Beträgt die wöchentliche Arbeitszeit beispielsweise sechs Tage, steht dem Schwerbehinderten auch ein Zusatzurlaub von sechs Tagen zu. Beträgt die wöchentliche Arbeitszeit nur vier Tage, steht dem Betroffenen ein Zusatzurlaub von vier Tagen zu.

Der Anspruch auf Zusatzurlaub entsteht in dem Augenblick, in dem die Schwerbehinderteneigenschaft festgestellt wird.

Wird die Schwerbehinderteneigenschaft während des laufenden Jahres anerkannt, besteht der Anspruch auf Zusatzurlaub nur anteilig. Fällt die Schwerbehinderteneigenschaft während des laufenden Urlaubsjahres weg, besteht der Anspruch auf Zusatzurlaub ebenfalls nur anteilig.

Mehrarbeit

§ **Rechtsgrundlagen zum Nachlesen**

§ 207 SGB IX

Mehrarbeit (Überstunden) wird oft vom Arbeitgeber verlangt, weil es die wirtschaftliche Situation erfordert. Allerdings können schwerbehinderte und ihnen gleichgestellte behinderte Arbeitnehmer auf ihr Verlangen hin davon freigestellt werden.

Wichtig: Die Freistellung von Mehrarbeit begründet kein Ablehnungsrecht für Nachtarbeit oder Arbeit an Sonn- und Feiertagen. Der betroffene Arbeitnehmer darf auch keinesfalls einfach wegbleiben oder seinen Arbeitsplatz am Ende der regelmäßigen Arbeitszeit verlassen.

Nach einem Urteil des BAG von 1989 kann Mehrarbeit von Schwerbehinderten und gleichgestellten Menschen mit Behinderung abgelehnt werden, wenn eine tägliche Arbeitszeit von acht Stunden bzw. 48 Stunden wöchentlich überschritten wird.

Wichtig: Diesen Anspruch behinderter Arbeitnehmer dürfen Arbeitgeber bei Vorliegen von Notfällen oder außergewöhnlichen Ereignissen ablehnen.

Teilzeit

§ **Rechtsgrundlagen zum Nachlesen**

§ 164 Abs. 5 SGB IX

Schwerbehinderte und gleichgestellte Menschen mit Behinderung können eine Teilzeitbeschäftigung beim Arbeitgeber einfordern, wenn die Arbeitszeitreduzierung wegen der Art oder der Schwere der Behinderung notwendig ist. Der Anspruch besteht, wenn die arbeitsvertraglich geschuldete Arbeitsleistung nicht mehr in vollem Umfang erbracht werden kann und dies aufgrund der Behinderung begründet ist (z. B. Schmerzen bei zu langem Sitzen oder Stehen).

Die Gewährung von Teilzeitarbeit muss dem Arbeitgeber zumutbar sein. Es dürfen also keine zwingenden Gründe gegen Teilzeit sprechen (z. B. unzumutbare Änderung der Arbeitsorganisation, Ersatzkraft kann nicht gefunden werden). Im Streitfall trägt der Arbeitgeber die Beweislast für die Unzumutbarkeit der geforderten Arbeitszeitreduzierung.

Wichtig: Der Rechtsanspruch auf Gewährung von Teilzeitarbeit bezieht sich auf das laufende Arbeitsverhältnis. Ein Anspruch auf Einstellung in eine Teilzeitstelle besteht dagegen nicht.

Kündigungsschutz

§ **Rechtsgrundlagen zum Nachlesen**

§§ 168 bis 175 SGB IX

Einen besonderen Kündigungsschutz genießt ein behinderter Arbeitnehmer nur, wenn eine nachgewiesene Schwerbehinderung mit einem GdB von wenigstens 50 vorliegt. Den besonderen Kündigungsschutz erhalten auch Menschen mit einem GdB von mindestens 30, die von der Agentur für Arbeit einem schwerbehinderten Menschen gleichgestellt wurden. Die fristgerechte Kündigung eines schwerbehinderten oder gleichgestellten Menschen mit Behinderung durch den Arbeitgeber bedarf vorher grundsätzlich der Zustimmung des Integrationsamts.

Wichtig: Der besondere Kündigungsschutz besteht nicht für Arbeitnehmer, deren Schwerbehinderung zum Zeitpunkt der Kündigung nicht nachgewiesen ist. Anders sieht es aus, wenn ein Antrag auf Gleichstellung durch die Agentur für Arbeit gestellt wurde, ein Bescheid aber noch nicht vorliegt. In diesem Fall ist bereits Kündigungsschutz eingetreten.

Eine Schwerbehinderung oder Gleichstellung mit Schwerbehinderten ist für die Betroffenen keinesfalls ein Freibrief dafür, dass sie sich jetzt alles erlauben können. Denn es gibt genügend Fälle, in denen kein Kündigungsschutz besteht.

Beispiele für fehlenden Kündigungsschutz:

- Es liegt ein zeitlich befristeter Feststellungsbescheid vor, der aber nicht mehr gültig ist. Ein Neuantrag wurde nicht gestellt.
- Es wurde ein Antrag auf Feststellung der Schwerbehinderteneigenschaft gestellt, der allerdings abgelehnt wurde. Widerspruch bzw. Klage sind anhängig.
- Der GdB beträgt 40. Es wurde ein Antrag auf Gleichstellung gestellt. Die Agentur für Arbeit hat den Antrag abgelehnt. Widerspruch bzw. Klage sind anhängig.
- Das Arbeitsverhältnis besteht weniger als sechs Monate.

Schwerbehindertenvertretung

§ Rechtsgrundlagen zum Nachlesen

§ 177 SGB IX

In Zusammenhang mit der beruflichen Tätigkeit eines schwerbehinderten Menschen kommt der Schwerbehindertenvertretung eine besondere Rolle zu. Sie ist in Betrieben und Dienststellen zu wählen, in denen wenigstens fünf schwerbehinderte Personen nicht nur vorübergehend beschäftigt sind.

Aufgabe der Schwerbehindertenvertretung ist es die Eingliederung schwerbehinderter Menschen in den Betrieb oder die Dienststelle zu fördern. Sie vertritt dabei ihre Interessen und steht ihnen beratend und helfend zur Seite.

Wichtig: Die Schwerbehindertenvertretung unterstützt Beschäftigte auch bei Anträgen auf Feststellung einer Behinderung, ihres Grads oder einer

Schwerbehinderung sowie bei Anträgen auf Gleichstellung an die Agentur für Arbeit.

Der Arbeitgeber hat die Schwerbehindertenvertretung in allen Angelegenheiten, die einen einzelnen oder die schwerbehinderten Menschen als Gruppe berühren, unverzüglich und umfassend zu unterrichten und vor einer Entscheidung anzuhören. Er hat ihr die getroffene Entscheidung unverzüglich mitzuteilen.

Der schwerbehinderte Arbeitnehmer hat das Recht, bei Einsicht in die über ihn geführte Personalakte oder ihn betreffende Daten des Arbeitgebers die Schwerbehindertenvertretung hinzuzuziehen. Die Schwerbehindertenvertretung bewahrt über den Inhalt der Daten Stillschweigen (Datenschutz), soweit sie der Betroffene nicht von dieser Verpflichtung entbunden hat.

Die Schwerbehindertenvertretung hat das Recht, an allen Sitzungen des Betriebs- oder Personalrates und deren Ausschüssen sowie des Arbeitsschutzausschusses beratend teilzunehmen. Sie kann beantragen, Angelegenheiten, die einzelne oder die schwerbehinderten Menschen als Gruppe besonders betreffen, auf die Tagesordnung der nächsten Sitzung zu setzen. Sieht sie einen Beschluss des Betriebs- oder Personalrats als eine erhebliche Beeinträchtigung wichtiger Interessen schwerbehinderter Menschen oder wurde sie nicht beteiligt, wird auf ihren Antrag der Beschluss für die Dauer von einer Woche vom Zeitpunkt der Beschlussfassung an ausgesetzt.

Die Schwerbehindertenvertretung hat das Recht, mindestens einmal im Kalenderjahr eine Versammlung der Schwerbehinderten im Betrieb oder in der Dienststelle durchzuführen.

Begleitende Hilfen am Arbeitsplatz

§ **Rechtsgrundlagen zum Nachlesen**

§§ 17 bis 25 Schwerbehinderten-Ausgleichsabgabeverordnung (SchwbAV)

Schwerbehinderte Menschen und ihnen Gleichgestellte können vom Integrationsamt mit sogenannten Leistungen zur begleitenden Hilfe im

Arbeitsleben unterstützt werden. Die Leistungen werden als Zuschüsse oder als Darlehen erbracht.

Die begleitende Hilfe im Arbeitsleben soll dazu führen, dass schwerbehinderte Menschen auf Arbeitsplätzen beschäftigt werden, auf denen sie ihre Fähigkeiten und Kenntnisse voll verwerten können und sie dazu befähigt werden, sich am Arbeitsplatz und im Wettbewerb mit nicht behinderten Menschen zu behaupten.

Umfasst sind damit alle Maßnahmen und Leistungen, die erforderlich sind, um dem schwerbehinderten Menschen die Teilhabe im Arbeitsleben und damit in der Gesellschaft zu sichern und Kündigungen zu vermeiden.

Folgende Leistungen sind möglich:

- Persönliche Hilfen: Beratung und Betreuung in allen Fragen des Arbeitslebens, insbesondere bei persönlichen Schwierigkeiten, bei Arbeitsplatzproblemen, bei Umsetzungen, bei Fragen im Zusammenhang mit der Schwerbehinderung, bei Konflikten mit Kollegen, Vorgesetzten und dem Arbeitgeber, bei Gefährdung des Arbeitsplatzes bis hin zur psychosozialen Betreuung, um schwerwiegende Konflikte zu lösen.
- Finanzielle Leistungen in Form einer Arbeitsassistenz (siehe dazu den nachfolgenden Abschnitt)
- Technische Arbeitshilfen: Schaffung bzw. Ausstattung von behindertengerechten Arbeitsplätzen inklusive Wartung, Instandsetzung und Ausbildung im Gebrauch sowie Hilfen zum Erreichen des Arbeitsplatzes (siehe zu beidem den nachfolgenden Abschnitt)
- Wohnungshilfen zur Beschaffung, Ausstattung und Erhaltung einer Wohnung, die den besonderen Bedürfnissen des Menschen mit schweren Behinderungen entspricht. Es können auch Leistungen zum Umzug in eine behinderungsgerechte oder erheblich verkehrsgünstiger zum Arbeitsplatz gelegene Wohnung gewährt werden.
- Leistungen zur Teilnahme an Maßnahmen zur Erhaltung und Erweiterung beruflicher Kenntnisse und Fähigkeiten in Form von Zuschüssen für Aufwendungen, die durch die Teilnahme an Maßnahmen der inner- und außerbetrieblichen Bildung entstehen.

- Leistungen zur wirtschaftlichen Selbstständigkeit: Es können Darlehen oder Zinszuschüsse zur Gründung oder zur Erhaltung einer selbstständigen beruflichen Existenz gewährt werden.

Arbeitsassistenz

§ **Rechtsgrundlagen zum Nachlesen**

§ 17 Abs. 1a Schwerbehinderten-Ausgleichsabgabeverordnung (SchwbAV)

Menschen mit Behinderungen haben einen persönlichen Rechtsanspruch auf Arbeitsassistenz, also auf eine regelmäßige personale Unterstützung am Arbeitsplatz, wenn diese aus medizinischer Sicht und im Zusammenhang mit der zu erbringenden Arbeitsleistung erforderlich ist.

Folgende Voraussetzungen müssen erfüllt sein:

- Vorliegen einer Schwerbehinderung, also mindestens ein GdB von 50
- Vorliegen eines regelmäßigen und dauerhaften Unterstützungsbedarfs zur Ausführung der Arbeiten
- Sicherstellung, dass die Arbeitsassistenz nur Hilfstätigkeiten zum Ausgleich von behinderungsbedingten Funktionseinschränkungen leistet (z. B. Vorlesen, Botengänge); die arbeitsvertraglichen Tätigkeiten muss der schwerbehinderte Arbeitnehmer selbst erbringen
- Weniger aufwändige Maßnahmen (z. B. behindertengerechte Arbeitsplatzgestaltung, Kollegenhilfe) reichen aus, damit der schwerbehinderte Arbeitnehmer seine Tätigkeit ausführen kann.

Behinderte Arbeitnehmer können Geldleistungen beantragen, um damit Arbeitsassistenten selbst anzustellen (Arbeitgebermodell) oder über eine Dienstleistungsgesellschaft „einzukaufen", bei der die Arbeitsassistenz angestellt ist, etwa bei einem ambulanten Pflegedienst.

Technische Hilfen für den Arbeitsplatz und Kraftfahrzeughilfe

§ **Rechtsgrundlagen zum Nachlesen**

§§ 19, 20 Schwerbehinderten-Ausgleichsabgabeverordnung (SchwbAV)
Kraftfahrzeughilfe-Verordnung (KfzHV)

Einrichtung, Umbau des Arbeitsplatzes

Für die behinderungsgerechte Einrichtung und Unterhaltung der Arbeitsstätten behinderter oder schwerbehinderter Auszubildender und Beschäftigter können Arbeitgeber einen Zuschuss oder ein Darlehen erhalten.

Beispielhaft hierfür sind der Umbau eines Arbeitsplatzes zu einem Einhandbetrieb für einen hand- oder armamputierten Menschen, bei blinden Menschen die Ausrüstung eines Computerarbeitsplatzes mit einer Braillezeile, bei sehbehinderten Beschäftigten ein Großbildmonitor oder eine extra große Tastatur, bei gehörlosen Menschen Bild- und Schreibtelefone oder Lichtsignalanlagen an Maschinen.

Kraftfahrzeughilfe: Beschaffung eines Autos

Die Kraftfahrzeughilfe umfasst Leistungen zur Beschaffung eines Kraftfahrzeugs, für eine behinderungsbedingte Zusatzausstattung bzw. einen Umbau und zur Erlangung einer Fahrerlaubnis.

Die Leistungen werden in der Regel als Zuschuss erbracht. Die Höhe des Zuschusses ist einkommensabhängig.

Voraussetzungen sind:

- Das Kraftfahrzeug ist infolge der Behinderung zum Erreichen des Arbeits- oder Ausbildungsortes erforderlich.
- Der Mensch mit Behinderung kann ein Kraftfahrzeug führen oder kann gewährleisten, dass ein Dritter das Kraftfahrzeug für ihn führt.
- Das Kraftfahrzeug muss nach Größe und Ausstattung behinderungsgerecht sein und eine eventuell erforderliche behinderungs-

bedingte Zusatzausstattung ohne unverhältnismäßigen Mehraufwand ermöglichen.

Die Beschaffung eines Gebrauchtwagens kann gefördert werden, wenn er die Voraussetzungen erfüllt und sein Verkehrswert mindestens 50 Prozent des seinerzeitigen Neuwagenpreises beträgt (§ 4 KfzHV).

Bei Beschaffung eines Kraftfahrzeugs wird in der Regel ein Zuschuss bis zur Höhe des vollen Kaufpreises, höchstens jedoch bis 9.500 Euro gewährt (Bemessungsbetrag). Die Kosten einer behinderungsbedingten Zusatzausstattung bleiben bei der Ermittlung unberücksichtigt.

Ein höherer Zuschuss ist möglich, wenn wegen Art und Schwere der Behinderung ein größeres Fahrzeug erforderlich ist.

Zuschüsse öffentlich-rechtlicher Stellen zu dem Kraftfahrzeug, auf die ein vorrangiger Anspruch besteht, und der Verkehrswert eines Altwagens sind von dem Bemessungsbetrag abzuziehen.

Der Zuschuss richtet sich nach dem Einkommen. Dabei wird der volle Zuschuss von 9.500 Euro bei einem Einkommen bis 40 Prozent der Bezugsgröße gezahlt, bei einem Einkommen bis 75 Prozent der Bezugsgröße nur noch ein Zuschuss von 16 Prozent von 9.500 Euro, also 1.520 Euro. Da sich die Kraftfahrzeughilfe-Verordnung bei der Bezugsgröße ausdrücklich nur auf § 18 Abs. 1 SGB IV bezieht, gilt also nur die Bezugsgröße West, egal wo der Antragsteller in Deutschland wohnt. Die monatliche Bezugsgröße West beträgt im Jahr 2021: 3.290 Euro (die Beträge werden auf jeweils 5 volle Euro aufgerundet).

Einkommen bis		Zuschuss
% der Bezugsgröße	**Einkommen**	
40	1.320 EUR	9.500 EUR
45	1.485 EUR	8.360 EUR
50	1.645 EUR	7.220 EUR
55	1.810 EUR	6.080 EUR
60	1.975 EUR	4.940 EUR
65	2.140 EUR	3.800 EUR
70	2.305 EUR	2.660 EUR
75	2.470 EUR	1.520 EUR

Als Einkommen ist hier das durchschnittliche monatliche Nettoarbeitsentgelt des Menschen mit Behinderung zuzüglich einmaliger Einnahmen aus Beschäftigung, Urlaubsgeld sowie Weihnachtsgeld oder vergleichbare Lohnersatzleistungen (z. B. Teilerwerbsminderungsrenten) zu verstehen.

Von diesem Einkommen können für jeden vom Menschen mit Behinderung unterhaltenen Familienangehörigen 395 Euro abgesetzt werden.

4

Für eine Zusatzausstattung, die wegen der Behinderung erforderlich ist, ihren Einbau, ihre technische Überprüfung und die Wiederherstellung ihrer technischen Funktionstätigkeit werden die Kosten in vollem Umfang übernommen. Dies gilt auch für eine Zusatzausstattung, die wegen der Behinderung eines Dritten erforderlich ist, der für den Menschen mit Behinderung das Kraftfahrzeug führt. Zuschüsse öffentlich-rechtlicher Stellen, auf die ein vorrangiger Anspruch besteht, müssen angerechnet werden.

Hilfen bei der Erlangung eines Führerscheins

Zu den Kosten, die für die Erlangung einer Fahrerlaubnis notwendig sind, wird ebenfalls ein Zuschuss geleistet, wenn die Fahrerlaubnis notwendig ist, um die Arbeitsstelle zu erhalten.

Auch dieser Zuschuss richtet sich nach dem Einkommen, wie oben bei der Beschaffung eines Autos:

Einkommen bis		Zuschuss
% der Bezugsgröße	Einkommen	
40	1.320 EUR	100 % der Kosten
55	1.810 EUR	67 % der Kosten
75	2.470 EUR	33 % der Kosten

Zuschüsse öffentlich-rechtlicher Stellen, auf die ein vorrangiger Anspruch besteht, müssen angerechnet werden.

Kosten für behinderungsbedingte Untersuchungen, Ergänzungsprüfungen und Eintragungen in vorhandene Führerscheine werden in vollem Umfang übernommen.

Früher in Rente

Das Rentenalter ist in den vergangenen Jahren weiter erhöht worden. Wer sich dennoch früher zur Ruhe setzen möchte, muss mit Rentenabschlägen rechnen.

Unter Frührente versteht man eine Rente, die vor Vollendung der sogenannten Regelaltersgrenze gewährt wird. Man unterscheidet dabei zwei Gruppen:

- die vorzeitig gewährten Altersrenten für schwerbehinderte Menschen
- die Renten wegen verminderter Erwerbsfähigkeit

Vorzeitig gewährte Altersrente für schwerbehinderte Menschen

§ **Rechtsgrundlagen zum Nachlesen**

§ 37 und § 236a SGB VI

Für schwerbehinderte Beschäftigte (mindestens ein GdB von 50) gelten besondere Regelungen um früher als Vorzeitig gewährte Altersrente für schwerbehinderte Menschen „gesunde" Beschäftigte zu einer abschlagsfreien Rente zu gelangen.

Versicherte, die vor dem 01.01.1964 geboren sind, haben Anspruch auf Altersrente für schwerbehinderte Menschen, wenn sie

- das 63. Lebensjahr vollendet haben,
- bei Beginn der Altersrente als schwerbehinderte Menschen anerkannt sind und
- die Wartezeit von 35 Jahren erfüllt haben.

Für diesen Personenkreis ist eine vorzeitige Inanspruchnahme dieser Altersrente frühestens nach Vollendung des 60. Lebensjahres möglich.

Wer in der Zeit vom 01.01.1952 bis 31.12.1963 geboren ist, für den wird die Altersgrenze für eine abschlagsfreie Rente stufenweise von 63 Jahren auf 65 Jahre angehoben. Gleichzeitig wird die Altersgrenze für eine vorzeitige Inanspruchnahme von 60 Jahren stufenweise auf 62 Jahre angehoben.

Die erwähnten Abschläge betragen für jeden früher in Anspruch genommenen Monat 0,3 Prozent. Höchstens werden aber 10,8 Prozent in Abzug gebracht.

Erwerbsminderungsrenten

§ **Rechtsgrundlagen zum Nachlesen**

§ 43 SGB VI

Die Erwerbsminderungsrente richtet sich grundsätzlich allein nach dem vorhandenen körperlichen Leistungsvermögen; auf ein bestimmtes Lebensalter kommt es nicht an. Es gelten dabei folgende Anspruchsvoraussetzungen:

Anspruchsvoraussetzungen für Renten wegen verminderter Erwerbsfähigkeit		
Rentenart	Rente wegen **teilweiser** Erwerbsminderung	Rente wegen **voller** Erwerbsminderung
Einschränkung	Der Versicherte ist wegen Krankheit oder Behinderung auf nicht absehbare Zeit außerstande, unter den üblichen Bedingungen des allgemeinen Arbeitsmarkts mindestens **6 Stunden täglich** erwerbstätig zu sein	Der Versicherte ist wegen Krankheit oder Behinderung auf nicht absehbare Zeit außerstande, unter den üblichen Bedingungen des allgemeinen Arbeitsmarkts mindestens **3 Stunden täglich** erwerbstätig zu sein
Wartezeit (= Vorversicherungszeit)	5 Jahre	5 oder 20 Jahre

Auf die allgemeine Wartezeit werden unter anderem folgende Zeiten angerechnet:

- Beitragszeiten (Pflicht- und freiwillige Beiträge)
- Zeiten aus Zuschlägen für einen Minijob (= geringfügige versicherungsfreie Beschäftigung)

- Zeiten des Bezuges von Krankengeld, Arbeitslosengeld, Arbeitslosengeld II (zwischen 2005 bis 2010), Übergangsgeld, Kindererziehungszeiten und Zeiten der nicht erwerbsmäßigen häuslichen Pflege
- Zeiten aus dem Versorgungsausgleich (nach Scheidung)

Wichtig: Neben der allgemeinen Wartezeit von mindestens fünf Jahren erhalten die Betroffenen eine Rente wegen Erwerbsminderung nur, wenn sie in den letzten fünf Jahren vor dem Eintritt der Erwerbsminderung drei Jahre lang Pflichtbeiträge gezahlt haben. Beruht die Minderung der Erwerbsfähigkeit auf einem Arbeitsunfall oder einer Schädigung während des Wehr- oder Zivildienstes, genügt bereits ein einziger Pflichtbeitrag, um die Wartezeit zu erfüllen. Für Berufsanfänger gilt ebenfalls eine Sonderregelung.

Die Renten wegen teilweiser Erwerbsminderung werden lediglich als Teilrente erbracht. Dies kommt durch den sogenannten Rentenartfaktor zum Ausdruck, der beispielsweise bei einer Altersrente 1,0 beträgt, sich bei einer Rente wegen teilweiser Erwerbsminderung aber lediglich auf 0,5 beläuft. Bei einer Rente wegen voller Erwerbsminderung beträgt der Rentenartfaktor wie bei den Altersrenten 1,0.

Die Rente wegen teilweiser Erwerbsminderung wird entsprechend dem verbliebenen Leistungsvermögen des Versicherten, also in Höhe der halben Vollrente geleistet.

Übt der Versicherte trotz Rente wegen teilweiser Erwerbsminderung eine Beschäftigung aus, kann dies zu einer Kürzung seiner Rente führen. Seit 01.07.2017 gelten hier die Vorgaben, die durch das sogenannte Flexirentengesetz eingeführt wurden:

- Bei einer Rente wegen teilweiser Erwerbsminderung beträgt die Hinzuverdienstgrenze seit Juli 2017 das 0,81fache der jährlichen Bezugsgröße, vervielfältigt mit den Entgeltpunkten des Kalenderjahres mit den höchsten Entgeltpunkten der letzten 15 Kalenderjahre vor Eintritt der Erwerbsminderung (§ 96a Abs. 1c SGB VI). In dieser Berechnungsformel werden mindestens 0,5 Entgeltpunkte herangezogen. Diese Berechnung bedeutet, dass im Jahr 2021 ein rentenunschädlicher Hinzuverdienst in Höhe von 15.989,40 Euro möglich ist (39.480,00 Euro x 0,81 x 0,5 Entgeltpunkte); in den neuen Bundesländern: 15.138,90 Euro.

- Bei einer Rente wegen voller Erwerbsminderung darf seit Juli 2017 ein Hinzuverdienst von 6.300 Euro kalenderjährlich erzielt werden. Wird dieser Hinzuverdienst überschritten, wird der übersteigende Betrag (ein Zwölftel des kalenderjährlichen Hinzuverdienstes) zu 40 Prozent auf die Rente angerechnet.

Praxis-Tipp: Wer bei Vorliegen einer Erwerbsminderungsrente noch eine Arbeit annimmt, sollte aufpassen: Werden bestimmte Zeitgrenzen überschritten, kann dies zum Entfall des Rentenanspruchs führen. Ein Hinzuverdienst darf nur in dem Maße erfolgen, in dem die Leistungsfähigkeit rentenrechtlich eingeschränkt ist. Bei Vorliegen einer vollen Erwerbsminderung bedeutet das, dass der Hinzuverdienst in einer Beschäftigung von unter drei Stunden täglich erzielt werden darf, bei Vorliegen einer teilweisen Erwerbsminderung von unter sechs Stunden täglich.

Unabhängig von einem Hinzuverdienst wird bei Renten wegen Erwerbsminderung für jeden Kalendermonat, für den eine Rente vor Vollendung des 63. Lebensjahres in Anspruch genommen wird, die Rente um 0,3 Prozent (höchstens jedoch 10,8 Prozent) gekürzt.

Erwerbsminderungsrenten werden in der Regel auf maximal drei Jahre befristet. Danach wird der Anspruch erneut überprüft.

Grundrente

§ **Rechtsgrundlagen zum Nachlesen**

§ 76g SGB VI

Die zum 01.01.2021 neu eingeführte Grundrente ist als Zuschlag an Entgeltpunkten konzipiert. Sie soll verhindern, dass Menschen, die jahrzehntelang gearbeitet haben, später auf staatliche Fürsorgeleistungen angewiesen sind.

Auch für Bezieherinnen und Bezieher einer Rente wegen verminderter Erwerbsfähigkeit kann ein Anspruch auf Grundrente bestehen, wenn zum Zeitpunkt der Erwerbsminderung die erforderliche Mindestzahl an Grundrentenzeiten aus dem Erwerbsleben erreicht war. Ist die Erwerbsminderung dagegen schon zu einem früheren Zeitpunkt und damit vor Erreichen der erforderlichen Zahl an Grundrentenzeiten eingetreten, könnte ein Grundrentenanspruch bei der späteren Altersrente entstehen, wenn während oder nach einem ggf. befristeten Bezug einer Erwerbsminderungsrente weitere Grundrentenzeiten zurückgelegt werden (z. B. versicherte Beschäftigung neben einer teilweisen Erwerbsminderungsrente oder Ausübung eines versicherungspflichtigen „Mini-Jobs"). Dies werden, laut Angaben der Bundesregierung, aber höchstens bei gut fünf Prozent der Begünstigten der Grundrente Bezieherinnen und Bezieher einer Erwerbsminderungsrente sein.

Bei der Berechnung von Erwerbsminderungsrenten wird nach geltendem Recht zugunsten der Versicherten gerechnet, als ob sie nach Eintritt der Erwerbsminderung wie bisher weitergearbeitet hätten. Die Lücke im Versicherungskonto wird durch die so genannte Zurechnungszeit aufgefüllt, ohne dass dafür Beiträge gezahlt werden müssen. Als beitragsfreie Zeit zählt die Zurechnungszeit jedoch nicht zu den Grundrentenzeiten.

5.

Steuerliche Erleichterungen

Behinderten-Pauschbetrag

Rechtsgrundlagen zum Nachlesen

§ 33b Einkommensteuergesetz (EStG)

§ 65 Einkommensteuer-Durchführungsverordnung (EStDV 1955)

Wegen der außergewöhnlichen Belastungen, die Menschen mit Behinderung unmittelbar infolge der Behinderung erwachsen, erhalten sie steuerliche Erleichterungen.

Insbesondere kann – anstatt Einzelnachweise für die höheren Kosten zu führen, die durch die Behinderung entstehen – ein sogenannter Behinderten-Pauschbetrag geltend gemacht werden. Hierzu ist der Nachweis einer Behinderung durch die zuständige Behörde nötig, der mit der Steuererklärung für den jeweiligen Veranlagungszeitraum eingereicht werden muss (Schwerbehindertenausweis, Feststellungsbescheid, besondere Bescheinigung durch das Versorgungsamt, Rentenbescheid). Sofern ein Antrag auf Lohnsteuerermäßigung gestellt wurde, Pauschbeträge nach § 33b EStG, die in den Lohnsteuermerkmalen vermerkt werden (der Betroffene also unselbstständig beschäftigt ist; Anträge gibt es hier: www.formulare-bfinv.de).

Praxis-Tipp:

Lassen Sie sich den Pauschbetrag in den Lohnsteuermerkmalen eintragen. Somit erhalten Sie als Arbeitnehmer eine höhere Netto-Lohn-Auszahlung.

Wichtig: Der Behinderten-Pauschbetrag wird als „Jahresbetrag" auch dann in voller Höhe gewährt, wenn die Behinderung erst im Laufe des Jahres festgestellt wird. Wird der GdB während des Jahres herauf- oder herabgesetzt, steht für das laufende Jahr der höhere Pauschbetrag zu. Ausschlaggebend dabei ist der im Bescheid des Versorgungsamts genannte Zeitpunkt (BFH, Urteil vom 11.03.2014, Az. VI B 95/13).

Erhöhung der Pauschbeträge zum 01.01.2021: Zum ersten Mal seit 1975 wurden durch das „Gesetz zur Erhöhung der Behinderten-Pauschbeträge und Anpassung weiterer steuerlicher Regelungen“ zum Januar 2021 die Pauschbeträge erhöht und in etwa verdoppelt. Gleichzeitig wurde die Systematik aktualisiert und ein behinderungsbedingter Fahrtkosten-Pauschbetrag eingeführt. Auf zusätzliche Anspruchsvoraussetzungen zur Gewährung eines Behinderten-Pauschbetrags bei einem Grad der Behinderung kleiner 50 wird verzichtet. Eine mögliche Mehrfachberücksichtigung eines Behinderten-Pauschbetrags für ein Kind soll durch die verpflichtende Angabe der Identifikationsnummer vermieden werden. Der Pflege-Pauschbetrag wird erhöht und ein Pflege-Pauschbetrag für die Pflegegrade 2 und 3 eingeführt.

Die Höhe des Pauschbetrags für Menschen mit Behinderung soll die mit zunehmender Schwere der Behinderung ansteigenden typischen behinderungsbedingten Aufwendungen abdecken. Liegen mehrere Behinderungen vor, kann nur ein einziger Behinderten-Pauschbetrag in Ansatz gebracht werden, der aber sämtliche Behinderungen berücksichtigt.

Grad der Behinderung	Behinderten-Pauschbetrag (Stand: Januar 2021)
von 20	384 EUR
von 30	620 EUR
von 40	860 EUR
von 50	1.140 EUR
von 60	1.440 EUR
von 70	1.780 EUR
von 80	2.120 EUR
von 90	2.460 EUR
von 100	2.840 EUR
hilflos oder blind	7.400 EUR

Für Personen, in deren Schwerbehindertenausweis das Merkzeichen „H“ (hilflos) eingetragen ist, erhöht sich der Pauschbetrag – wie aus der obigen Tabelle ablesbar – auf 7.400 Euro. Das Gleiche gilt auch für blinde Menschen. Zum Nachweis dienen der Schwerbehindertenausweis, in dem das Merkzeichen „H“ oder „Bl“ eingetragen ist, oder ein

Bescheid des Versorgungsamts mit entsprechenden Feststellungen. Bei Hilflosigkeit kann der Nachweis auch durch einen Bescheid der Pflegekasse mit der Einstufung in die Pflegegrade 4 bzw. 5 nachgewiesen werden. Gehörlosigkeit dagegen reicht für den erhöhten Behinderten-Pauschbetrag nicht.

> ***Praxis-Tipp:***
>
> *Sind die aufgrund der Behinderung entstandenen tatsächlichen Aufwendungen nach Abzug der zumutbaren Belastung höher als die Pauschbeträge, so können* ***anstelle*** *der Pauschbeträge die nachgewiesenen Aufwendungen, die unmittelbar infolge der Behinderung erwachsen, als außergewöhnliche Belastung nach § 33 EStG steuermindernd geltend gemacht werden.*
> *Es gilt hier also abzuwägen bzw. zu rechnen, welches Steuersparinstrument wirksamer ist.*

Der Pauschbetrag, der einem behinderten Kind zusteht, für das die Eltern einen Kinderfreibetrag oder Kindergeld erhalten, wird auf Antrag auf die Eltern übertragen, wenn ihn das Kind nicht in Anspruch nimmt. Bei Eltern, die die Voraussetzungen für eine Zusammenveranlagung nicht erfüllen, wird der Pauschbetrag gleichmäßig auf die Elternteile übertragen. Bei einer Einkommensteuerveranlagung können sie gemeinsam auch eine andere Aufteilung beantragen. Voraussetzung für die Übertragung ist die Angabe der erteilten Identifikationsnummer des Kindes in der Einkommensteuererklärung.

Fahrtkosten zur Arbeit als Werbungskosten

§ **Rechtsgrundlagen zum Nachlesen**

§ 9 Einkommensteuergesetz (EStG)

Schwerbehinderte Menschen mit einer Gehbehinderung (Merkzeichen „G“) oder einem GdB ab 70 können für je eine Hin- und Rückfahrt zwischen Wohnung und Arbeitsstätte die tatsächlichen Fahrtkosten geltend machen. Hierzu gehören neben den Betriebskosten, Absetzungen für Abnutzung und Aufwendungen für laufende Reparaturen und Pflege auch Garagenmiete, Steuern und Versicherungen sowie Parkgebühren und Beiträge zu einem Automobilclub.

Ohne Einzelnachweis der tatsächlichen Aufwendungen gilt die übliche Entfernungspauschale für jeden vollen Kilometer der Entfernung zwischen Wohnung und erster Tätigkeitsstätte von 0,30 Euro, unabhängig von der Art des Verkehrsmittels, höchstens jedoch 4.500 Euro im Kalenderjahr.

Zur Entlastung der Steuerpflichtigen, die einen besonders langen Arbeitsweg haben, wird unabhängig vom benutzten Verkehrsmittel die Entfernungspauschale ab dem 21. km auf 0,35 Euro angehoben (ab 2024 auf 0,38), um so pauschalierend die sich durch die CO2-Bepreisung (Klimaschutzprogramm 2030) ergebende Erhöhung der Aufwendungen für die Fahrten zwischen Wohnung und erster Tätigkeitsstätte teilweise auszugleichen. Dies gilt bis Ende 2026.

Wichtig: Geltend gemacht werden können auch sogenannte Leerfahrten, wenn schwerbehinderte Menschen das Kraftfahrzeug wegen der Behinderung nicht selbst fahren können und deshalb zur Arbeit gebracht und wieder abgeholt werden müssen.

Behinderungsbedingter Fahrtkosten-Pauschbetrag

§ **Rechtsgrundlagen zum Nachlesen**

§ 33 Abs. 2a Einkommensteuergesetz (EStG)

Anstelle des bis 2020 notwendigen individuellen und aufwändigen Einzelnachweises der behinderungsbedingt entstandenen Fahrtkosten gilt ab 2021 die Pauschbetragsregelung in § 33 Absatz 2a EStG. Damit sollen die durch die Behinderung veranlassten Aufwendungen für unvermeidbare Fahrten, bei denen es sich im Grundsatz um außergewöhnliche Belastungen im Sinne des § 33 Absatz 2 EStG handelt, abgegolten werden. Da ein Kilometersatz von 0,30 Euro zu Grunde gelegt wird, ergibt sich ein berücksichtigungsfähiger Aufwand von 900 Euro im Jahr bei einer als angemessen anzusehende jährliche Fahrleistung von

3.000 km. Dies gilt für Menschen mit einem Grad der Behinderung von mindestens 80 oder einem Grad der Behinderung von mindestens 70 und dem Merkzeichen G.

Für Menschen mit einer außergewöhnlichen Gehbehinderung (Merkzeichen aG), Blinde (Merkzeichen Bl) und hilflose Menschen (Merkzeichen H), können nach den bis 2020 geltenden Regelungen in den Grenzen der Angemessenheit nicht nur Aufwendungen für durch die Behinderung veranlasste unvermeidbare Fahrten, sondern auch für Freizeit-, Erholungs- und Besuchsfahrten berücksichtigt werden. Aus diesem Grund wird für diese Fallkonstellationen ab 2021 ein Pauschbetrag von 4.500 Euro festgelegt bei einer als angemessen anzusehende jährliche Fahrleistung von 15.000 km.

Wichtig: Behinderungsbedingte Fahrtkosten werden ab 2021 nur noch im Rahmen dieses Fahrtkosten-Pauschbetrags berücksichtigt. Dem Steuerpflichtigen wird dadurch der aufwändige Einzelnachweis erspart. Gleichwohl ist ein Antrag zu stellen, da Aufwendungen für außergewöhnliche Belastungen nur auf Antrag berücksichtigt werden können. Der behinderungsbedingte Fahrtkosten-Pauschbetrag hat abgeltende Wirkung.

Krankheitskosten als außergewöhnliche Belastung

§ **Rechtsgrundlagen zum Nachlesen**

§ 33 Einkommensteuergesetz (EStG)

§ 64 Einkommensteuer-Durchführungsverordnung

Laufende und typische durch die Behinderung verursachte Krankheitskosten sind durch den Behinderten-Pauschbetrag abgegolten.

Daneben kann es aber noch außergewöhnliche Kosten geben, die dann steuerlich als „außergewöhnliche Belastung“ abgesetzt werden können (z. B. Kosten für Ärzte, Medikamente, Hilfsmittel, die von der Krankenkasse nicht übernommen wurden; auch Operationskosten, wenn diese mit dem Leiden zusammenhängen, das die Behinderung bewirkt oder verursacht hat).

Das Gleiche gilt für Kuren, wenn die Notwendigkeit durch ein vor Antritt der Kur ausgestelltes amtsärztliches Attest nachgewiesen wird und am Kurort eine Heilbehandlung unter ärztlicher Kontrolle erfolgt. Liegt eine Feststellung der Krankenkasse über die Notwendigkeit der Kurmaßnahme vor, so kann von einem amtsärztlichen Zeugnis abgesehen werden. Dies ist in der Regel der Fall, wenn die Kasse einen Kostenzuschuss für Unterkunft und Verpflegung gewährt hat. Voraussetzung für die steuerliche Absetzbarkeit ist aber, dass keine andere Stelle die Kosten übernimmt (z. B. Unfall- oder Rentenversicherungsträger) und die Aufwendungen die zumutbare Belastung übersteigen.

Bei Kosten für wissenschaftlich nicht anerkannte Behandlungsmethoden (sog. Außenseitermethoden), die durch einen Arzt oder zugelassenen Heilpraktiker verordnet werden, muss der Amtsarzt vor der Behandlung bestätigen, dass diese wegen der Krankheit oder Behinderung angebracht sind (z. B. Frisch- und Trockenzellenbehandlungen, Sauerstoff-, Chelat- und Eigenbluttherapie).

Haushaltshilfe, haushaltsnahe Dienstleistungen

§ **Rechtsgrundlagen zum Nachlesen**

§ 35a Einkommensteuergesetz (EStG), ab Veranlagungszeitraum 2009

Steuerpflichtige, die in ihrem Haushalt eine Person zur Verrichtung haushaltsnaher Tätigkeiten (z. B. Putzhilfe, Zubereitung von Mahlzeiten, Gartenpflege) beschäftigen oder entsprechende Dienstleistungen eines selbstständigen Dienstleistenden in Anspruch nehmen (z. B. Pflegedienst; Hausnotrufsystem), können für ihre Aufwendungen eine Steuerermäßigung erhalten:

- 20 Prozent der Aufwendungen, höchstens 510 Euro, wenn es sich für die Haushaltshilfe um eine geringfügige Beschäftigung handelt und die Haushaltshilfe bei der Minijob-Zentrale angemeldet ist (sog. Haushaltsscheckverfahren)
- 20 Prozent, höchstens 4.000 Euro, wenn über ein geringfügiges Beschäftigungsverhältnis hinausgehend für die Haushaltshilfe Beiträge zur gesetzlichen Sozialversicherung gezahlt werden

- 20 Prozent, höchstens 4.000 Euro, wenn die Haushaltshilfe nicht angestellt ist, sondern es sich um eine Dienstleistung handelt, für die eine Rechnung ausgestellt wird (z. B. Inanspruchnahme von Pflege- und Betreuungsleistungen durch einen ambulanten Pflegedienst)

Heimbewohner: Die Steuerermäßigung kann auch in Anspruch genommen werden für Aufwendungen, die wegen der Unterbringung in einem Heim oder zur dauernden Pflege entstehen, soweit darin Kosten für Dienstleistungen enthalten sind, die mit denen einer Hilfe im Haushalt vergleichbar sind. Nachgewiesen werden muss dies mit einer Bescheinigung des Heims.

Ein Haushalt in einem Heim ist nach Ansicht des Bundesfinanzministeriums dann gegeben, wenn die Räumlichkeiten des Steuerpflichtigen nach ihrer Ausstattung für eine Haushaltsführung geeignet sind (Bad, Küche, Wohn- und Schlafbereich), individuell genutzt werden können (Abschließbarkeit) und eine eigene Wirtschaftsführung nachgewiesen oder glaubhaft gemacht wird (Schreiben des BMF vom 09.11.2016, IV C 8 – S 2296-b/07/10003).

Wichtig: Wird der Behinderten-Pauschbetrag in Anspruch genommen, schließt dies eine Berücksichtigung der Aufwendungen nach § 35a EStG aus. Auch hier gilt es wieder abzuwägen bzw. zu rechnen, was steuersparender ist.

Und: Leistungen der Pflegeversicherung (siehe dazu Kapitel 8) sind anzurechnen, soweit sie ausschließlich und zweckgebunden für Pflege- und Betreuungsleistungen sowie für haushaltsnahe Dienstleistungen gewährt werden; danach sind Pflegesachleistungen nach § 36 SGB XI und der Kostenersatz für zusätzliche Betreuungsleistungen nach § 45b SGB XI zu berücksichtigen. Dagegen wird das Pflegeld nach § 37 SGB XI nicht angerechnet.

Kraftfahrzeugsteuer

§ **Rechtsgrundlagen zum Nachlesen**

§ 3a Kraftfahrzeugsteuergesetz (KraftStG)

Befreiung

Von der Kfz-Steuer sind behinderte Halter eines Kraftfahrzeugs befreit, wenn folgende Merkzeichen in ihrem Schwerbehindertenausweis eingetragen sind: „Bl“ (Blinde), „H“ (Hilflose) oder „aG“ (außergewöhnlich Gehbehinderte).

Zusätzlich dürfen diese Menschen mit Behinderung eine Wertmarke erwerben, die zur Freifahrt im öffentlichen Personennahverkehr berechtigt.

Die gleichen Regeln gelten für Personen, die am 01.10.1979 schwerkriegsbeschädigt waren oder das Merkzeichen VB oder EB im Schwerbehindertenausweis hatten; für diesen Personenkreis wurde eine entsprechende Bestandschutzregelung geschaffen.

Ermäßigung

Gehbehinderte (Merkzeichen „G“) und gehörlose (Merkzeichen „Gl“) Menschen können wählen, ob sie die Freifahrt im öffentlichen Personennahverkehr oder eine um 50 Prozent reduzierte Kfz-Steuer bevorzugen.

An die Entscheidung für die Steuerermäßigung oder die Freifahrtberechtigung ist man nicht auf Dauer gebunden. Ein späterer Wechsel ist ohne weiteres möglich.

Sowohl für die Befreiung als auch die Ermäßigung ist es notwendig, einen entsprechenden Antrag beim Hauptzollamt zu stellen (Internet: www.zoll.de).

Eine Befreiung bzw. Ermäßigung ist nur möglich, wenn das Fahrzeug auf den Menschen mit Behinderung selbst zugelassen ist. Zudem gilt die Befreiung auch nur für ein Fahrzeug; die Befreiung mehrerer Fahrzeuge ist nicht möglich. Wer die Steuerbefreiung oder -ermäßigung gewählt hat, muss zudem Einschränkungen hinsichtlich der Benutzung seines Autos hinnehmen. Das Auto darf grundsätzlich entweder nur vom Menschen mit Behinderung selbst gefahren werden oder von anderen nur im Beisein des Menschen mit Behinderung.

Wichtig: Fallen die Voraussetzungen für die Steuerermäßigung bzw. die Steuerbefreiung weg, ist dies dem zuständigen Hauptzollamt unverzüglich zu melden. Eine unterlassene Anzeige kann als Steuerhinterziehung geahndet werden!

Befreiung von der Erbschaft- und Schenkungsteuer

§ **Rechtsgrundlagen zum Nachlesen**

§ 13 Abs. 1 Nr. 6 Erbschaft- und Schenkungsteuergesetz (ErbStG)

Ein Erwerb durch Eltern, Adoptiveltern, Stiefeltern oder Großeltern des Erblassers/Schenkers bleibt von der Erbschaft- bzw. Schenkungsteuer befreit, wenn

- dieser Erwerb zusammen mit dem übrigen Vermögen des Erwerbers 41.000 Euro nicht übersteigt und
- der Erwerber infolge körperlicher oder geistiger Gebrechen und unter Berücksichtigung seiner bisherigen Lebensstellung als erwerbsunfähig anzusehen oder
- durch die Führung eines gemeinsamen Hausstandes mit erwerbsunfähigen oder in der Ausbildung befindlichen Abkömmlingen an der Ausübung einer Erwerbstätigkeit gehindert ist.

Übersteigt der Wert des Erwerbs zusammen mit dem übrigen Vermögen des Erwerbers den Betrag von 41.000 Euro, wird die Steuer nur insoweit erhoben, als sie aus der Hälfte des die Wertgrenze übersteigenden Betrags gedeckt werden kann.

Erlass der Hundesteuer

Die Hundesteuer ist eine kommunale Abgabe. Die Gemeinden können die Hundesteuer ermäßigen oder erlassen, wenn der Hund beispielsweise zum Schutz und zur Hilfe von blinden, gehörlosen und hilflosen Menschen gehalten wird.

Wichtig: Für Blindenführhunde werden in der Regel keine Steuern erhoben. Grundsätzlich wird hier ein GdB von 100 und das Merkzeichen „B“, „Bl“, „aG“ oder „H“ vorausgesetzt.

Versteuerung der Rente

§ **Rechtsgrundlagen zum Nachlesen**

§ 22 Einkommensteuergesetz (EStG)

Entgegen der weit verbreiteten Meinung, Renten seien steuerfrei, sind auch diese Einkünfte steuerpflichtig.

Der zu versteuernde Anteil gesetzlicher Renten wegen teilweiser oder voller Erwerbsminderung richtet sich seit dem Jahr 2005 nach denselben Grundsätzen, wie dies bei Altersrenten der Fall ist.

Der Besteuerungsanteil der Renten betrug 50 Prozent im Jahr 2005; er erhöht sich seitdem jährlich um 2 Prozent bis zum Jahr 2020, danach um 1 Prozent, bis eine Besteuerung von 100 Prozent erreicht ist (siehe nachfolgende Tabelle).

Jahr des Rentenbeginns	Besteuerungsanteil in %	Jahr des Rentenbeginns	Besteuerungsanteil in %	Jahr des Rentenbeginns	Besteuerungsanteil in %
2005	50	2017	74	2029	89
2006	52	2018	76	2030	90
2007	54	2019	78	2031	91
2008	56	2020	80	2032	92
2009	58	2021	81	2033	93
2010	60	2022	82	2034	94
2011	62	2023	83	2035	95
2012	64	2024	84	2036	96
2013	66	2025	85	2037	97

Jahr des Rentenbeginns	Besteuerungsanteil in %	Jahr des Rentenbeginns	Besteuerungsanteil in %	Jahr des Rentenbeginns	Besteuerungsanteil in %
2014	68	2026	86	2038	98
2015	70	2027	87	2039	99
2016	72	2028	88	2040	100

Die Höhe des steuerpflichtigen Anteils der Rente richtet sich seit dem Jahr 2005 nicht mehr nach dem Alter bei Rentenbeginn, sondern nach dem Jahr des Rentenbeginns.

Wichtig: Wird die Erwerbsminderungsrente später in die Altersrente umgewandelt, ist der Besteuerungsanteil, der zuvor zugrunde gelegt wurde, auch hierfür maßgebend.

Nutzung des Pflege-Pauschbetrags

§ **Rechtsgrundlagen zum Nachlesen**

§ 33b Abs. 6 Einkommensteuergesetz (EStG)

Eine Pflegeperson kann einen Pflege-Pauschbetrag geltend machen, wenn folgende Voraussetzungen erfüllt sind:

- Die Pflege findet in häuslicher Umgebung statt (nicht in einer vollstationären Einrichtung).
- Die Pflege erfolgt persönlich; der Einsatz eines professionellen Pflegedienstes ist dabei anteilig möglich.

Als Pflege-Pauschbetrag wird pro Kalenderjahr gewährt:

- 600 Euro bei Pflegegrad 2
- 1.100 Euro bei Pflegegrad 3
- 1.800 Euro bei Pflegegrad 4 oder 5
- 1.800 Euro bei Personen, die nicht nur vorübergehend hilflos (Merkzeichen H) sind

Wichtig: Für die Pflege darf keine Vergütung oder Aufwendungsersatz gezahlt werden. Wird das Pflegegeld an den Pflegenden weitergeleitet, ist zu differenzieren:

- Erhält der Pflegende das Pflegegeld als „Dankeschön" zur weiteren persönlichen Verfügung, kann der Pauschbetrag nicht in Anspruch genommen werden.
- Wird das Pflegegeld direkt an den Pflegenden weitergeleitet und mit der Auflage verbunden, dieses lediglich für Aufwendungen im Zusammenhang der Pflege zu verwenden, dann liegt keine Einnahme im Sinne des § 33b Abs. 6 EStG vor. Folge: Der Pflege-Pauschbetrag kann genutzt werden.

6.

Nachteilsausgleiche in der Übersicht

Nachteilsausgleiche nach Merkzeichen

Die Merkzeiche (MZ) haben folgende Bedeutung:

B Ständige Begleitung des behinderten Menschen bei Benutzung öffentlicher Verkehrsmittel ist notwendig.

Bl Der behinderte Mensch ist blind. Ihm fehlt entweder das Augenlicht vollständig oder die Sehkraft beträgt nicht mehr als 1/50.

G Der behinderte Mensch ist in seiner Bewegungsfähigkeit im Straßenverkehr erheblich beeinträchtigt bzw. erheblich gehbehindert.

aG Der behinderte Mensch ist außergewöhnlich gehbehindert und kann sich nur mit fremder Hilfe oder großer Anstrengung bewegen. (Die persönlichen Voraussetzungen für die Zuerkennung des Merkmals „aG" wurden durch das Bundesteilhabegesetz zum 1.1.2017 neu in § 229 Abs. 3 SGB IX festgelegt.)

Gl Der behinderte Mensch ist gehörlos. Dabei handelt es sich um behinderte Menschen, bei denen beiderseitige Taubheit vorliegt. Auch Hörbehinderte erhalten dieses Merkzeichen, wenn eine Schwerhörigkeit beiderseits vorliegt, die an Taubheit grenzt und daneben schwere Sprachstörungen vorliegen.

H Der behinderte Mensch ist hilflos. Er bedarf infolge seiner Behinderung dauernd fremder Hilfe.

RF Der behinderte Mensch erfüllt die landesrechtlich festgelegten gesundheitlichen Voraussetzungen für die Befreiung von der Rundfunkgebührenpflicht

TBl Der schwerbehinderte Mensch ist taubblind, wenn er wegen einer Störung der Hörfunktion mindestens einen Grad der Behinderung von 70 und wegen einer Störung des Sehvermögens einen Grad der Behinderung von 100 hat.*

* Im Schwerbehindertenausweis ist das Merkzeichen „TBl" für „taubblind" einzutragen, wenn bei einem schwerbehinderten Menschen wegen einer Störung der Hörfunktion ein Grad der Behinderung von mindestens 70 und wegen einer Störung des Sehvermögens ein Grad der Behinderung von 100 anerkannt ist. Die Beeinträchtigungen der Teilhabe der vom Merkzeichen erfassten Personengruppe sind äußerst heterogen, so dass sich einheitliche konkrete Bedarfe nicht ermitteln lassen. Deswegen ist das Merkzeichen mit keinem kon-

kreten bundesrechtlichen Nachteilsausgleich verbunden. Es kommt als Nachweis für die Rundfunkbeitragsbefreiung nach dem Rundfunkbeitragsstaatsvertrag in Betracht, sofern die für das Rundfunkwesen ausschließlich zuständigen Länder dies festlegen. Das Merkzeichen umfasst nicht automatisch die Nachteilsausgleiche für blinde und gehörlose Menschen wie zum Beispiel Landesblindengeld, Landesgehörlosengeld oder steuerliche Nachteilsausgleiche. Deshalb werden die Merkzeichen „Bl" (blind) und „Gl" (gehörlos) bei Vorliegen der jeweiligen Voraussetzungen zusätzlich zum Merkzeichen „TBl" in den Schwerbehindertenausweis eingetragen.

MZ	Rechte und Nachteilsausgleiche
B	– unentgeltliche Beförderung der Begleitperson im öffentlichen Nah- und Fernverkehr, ausgenommen bei Fahrten in Sonderzügen und Sonderwagen (§§ 228 bis 237 SGB IX) nach Erwerb einer Wertmarke, – unentgeltliche Beförderung der Begleitperson bei innerdeutschen Flügen der Lufthansa und Regionalverkehrsgesellschaften – unentgeltliche Beförderung von Begleitpersonen im internationalen Eisenbahnverkehr (siehe Anhang IV des Internationalen Personen- und Gepäcktarifs [TCV]). – Urlaubskosten der Begleitperson bis 767 Euro steuerlich absetzbar (§ 33 EStG und BFH Az.: III R 58/98 vom 7.4.2002) – Parkerleichterungen: Orangener Parkausweis bei Vorliegen weiterer Voraussetzungen (§ 46 StVO)

6

MZ	Rechte und Nachteilsausgleiche
Bl	– unentgeltliche Beförderung im öffentlichen Nahverkehr (§§ 228 bis 237 SGB IX), – Kraftfahrzeugsteuerbefreiung (§ 3a Abs. 1KraftStG 2002), – Befreiung vom Rundfunkbeitrag: Empfänger von Blindenhilfe nach § 72 SGB XII oder nach § 27d BVG oder Ermäßigung mit einem GdB von mindestens 60 allein wegen der Sehbehinderung, die nicht vorübergehend ist. – Telekom: Sozialtarif 2 – Pauschbetrag als außergewöhnliche Belastung in Höhe von 7.400 EUR (§ 33b EStG), – Gewährung von Pflegezulage mindestens der Stufe III nach Bundesversorgungsgesetz (§ 35 BVG), – Behinderungsbedingter Fahrtkosten-Pauschbetrag: 4.500 Euro. – Parkerleichterungen: Blauer (Europäischer) Parkausweis – Befreiung von der Umsatzsteuer (§ 4 Nr. 19 UStG), wenn nicht mehr als zwei Arbeitnehmer beschäftigt werden – Krankenkasse übernimmt Fahrtkosten zu ambulanten Behandlungen (§ 60 SGB V) – Blindenhilfe und in vielen Bundesländern Landesblindengeld
G	– unentgeltliche Beförderung im öffentlichen Nahverkehr (§§ 228 bis 237 SGB IX) nach Erwerb einer Wertmarke oder – 50 Prozent Kraftfahrzeugsteuerermäßigung (§ 3a Abs. 2 Satz 1 KraftStG 2002), – Behinderungsbedingter Fahrtkosten-Pauschbetrag GdB 80 oder GdB 70 + Merkzeichen G): 900 EUR (§ 33 Abs.2a Nr.1 EStG) – Mehrbedarfserhöhung (17 %) nach dem § 30 Abs.1 Nr.2 SGB XII und § 23 Abs. 1 Nr.4 SGB II. – Parkerleichterungen: Orangener Parkausweis bei Vorliegen weiterer Voraussetzungen (§ 46 StVO) – Tatsächliche Kosten für Fahrten zur Arbeit absetzbar (§ 9 Abs.2 Satz 3 EStG)

MZ	Rechte und Nachteilsausgleiche
aG	– unentgeltliche Beförderung im öffentlichen Nahverkehr (§ 228 bis 237 SGB IX) nach Erwerb einer Wertmarke, – Kraftfahrzeugsteuerbefreiung (§ 3a Abs. KraftStG 2002), – Behinderungsbedingter Fahrtkosten-Pauschbetrag: 4.500 Euro. – Parkerleichterungen: Blauer (Europäischer) Parkausweis – Krankenkasse übernimmt Fahrtkosten zu ambulanten Behandlungen (§ 60 SGB V) – Mehrbedarfserhöhung (17 %) nach dem § 30 Abs.1 Nr.2 SGB XII und § 23 Abs. 1 Nr.4 SGB II. – Tatsächliche Fahrten zur Arbeit zur Arbeit absetzbar (§ 9 Abs.2 Satz 3 EStG)
Gl	– unentgeltliche Beförderung im öffentlichen Nahverkehr (§§ 228 bis 237 SGB IX) nach Erwerb einer Wertmarke oder – 50 Prozent Kraftfahrzeugsteuerermäßigung (§ 3a Abs. 2 Satz 1 KraftStG 2002), – Befreiung oder Ermäßigung des Rundfunkbeitrags – Telekom: Sozialtarif 2 – Gehörlosengeld in einigen Bundesländern
H	– unentgeltliche Beförderung im öffentlichen Nahverkehr (§§ 228 bis 237 SGB IX), – Kraftfahrzeugsteuerbefreiung (§ 3a Abs. 1 KraftStG 2002), – Pauschbetrag als außergewöhnliche Belastung in Höhe von 7.400 EUR (§ 33b EStG), – Pflegepauschbetrag für Pflegende: 1.800 EUR im Kalenderjahr – Krankenkasse übernimmt Fahrtkosten zu ambulanten Behandlungen (§ 60 SGB V) – Behinderungsbedingter Fahrtkosten-Pauschbetrag: 4.500 Euro.
RF	– Befreiung vom Rundfunkbeitrag – Telekom: Sozialtarif 1
TBl	– Befreiung vom Rundfunkbeitrag – Taubblindengeld in einigen Bundesländern – Behinderungsbedingter Fahrtkosten-Pauschbetrag: 4.500 Euro.

Nachteilsausgleiche nach dem Grad der Behinderung (GdB)

GdB	Rechte und Nachteilsausgleiche
20	– Feststellung von Behinderungen (§ 152 SGB IX), – Steuerfreibetrag 384 EUR (§ 33b EStG),
30	– Gleichstellung mit schwerbehinderten Menschen, wenn sie infolge ihrer Behinderung ohne die Gleichstellung einen geeigneten Arbeitsplatz nicht erlangen oder nicht behalten können. (§ 2 Abs. 3 SGB IX) – Kündigungsschutz bei Gleichstellung (§ 151 SGB IX i.V.m. § 168 SGB IX), – Steuerfreibetrag 620 EUR (§ 33b EStG),
40	– Gleichstellung mit schwerbehinderten Menschen, wenn sie infolge ihrer Behinderung ohne die Gleichstellung einen geeigneten Arbeitsplatz nicht erlangen oder nicht behalten können. (§ 2 Abs. 3 SGB IX) – Kündigungsschutz bei Gleichstellung (§ 151 SGB IX i.V.m. § 168 SGB IX), – Steuerfreibetrag 860 EUR (§ 33b EStG),

GdB	Rechte und Nachteilsausgleiche
50	– Schwerbehinderteneigenschaft (§ 2 Abs. 2 SGB IX, § 152 SGB IX), – Steuerfreibetrag 1.140 EUR (§ 33b EStG), – Bevorzugte Einstellung, Beschäftigung (§ 154 SGB IX, § 205 SGB IX), – Erweiterter Kündigungsschutz (§ 168 ff. SGB IX), – Begleitende Hilfe im Arbeitsleben (§ 185 Abs. 2 SGB IX), – Freistellung von Mehrarbeit (§ 207 SGB IX), – Zusatzurlaub von einer Arbeitswoche (§ 208 SGB IX), – Schutz bei Wohnungskündigung, wenn die Schwerbehinderung als Härtefall anerkannt wird (§ 574 BGB), – Vorgezogene Altersrente (§§ 37, 236a SGB VI) oder Ruhestand (§ 52 BBG für Bundesbeamte; bei Landesbeamten abhängig von den Beamtengesetzen der Länder) – Stundenermäßigung bei Lehrern (länderabhängig), – Pflichtversicherung in der gesetzlichen Kranken- und Rentenversicherung für behinderte Menschen in Werkstätten (§ 5 Abs. 1 Nr. 7 SGB V und § 1 Nr. 2 SGB VI), – Beitragsermäßigung bei Automobilclubs (z. B. ADAC, AvD, geregelt in der jeweiligen Satzung), – 30 % Ermäßigung des Flugpreises der Fluggesellschaften im innerdeutschen Flugverkehr für Schwerkriegsbeschädigten oder Schwerwehrdienstbeschädigten gemäß Bundesversorgungsgesetz und Soldatenversorgungsgesetz (wenn der GdB vor dem 1. Oktober 1979 festgestellt wurde) – Finanzierungshilfen für Kraftfahrzeuge für Berufstätige (z. B. § 20 SchwbAV i.V.m. KfzHV), – Merkzeichen RF (= Rundfunk- und Fernsehgebührenbefreiung und Telefongebührenermäßigung) für hochgradig (= GdB 50) Hörgeschädigte, – Freibetrag beim Wohngeld (bei Pflegebedürftigkeit i. S. d. § 14 SGB XI und gleichzeitiger häuslicher oder teilstationärer Pflege oder Kurzzeitpflege) in Höhe von 1.800 EUR (§ 17 WoGG).
60	wie bei GdB 50, aber: – Steuerfreibetrag 1.440 EUR (§ 33b EStG),

GdB	Rechte und Nachteilsausgleiche
70	wie bei GdB 60, und: – Steuerfreibetrag 1.780 EUR (§ 33b EStG), – Behinderungsbedingter Fahrtkosten-Pauschbetrag (GdB 70 + Merkzeichen G): 900 EUR (§ 33 Abs.2a Nr.1 EStG) – Ermäßigung des Rundfunkbeitrag für wesentlich Sehbehinderte (Merkzeichen RF + GdB 60)
80	wie bei GdB 70, und: – Steuerfreibetrag 2.120 EUR (§ 33b EStG), – Behinderungsbedingter Fahrtkosten-Pauschbetrag GdB 80 oder GdB 70 + Merkzeichen G)*: 900 EUR (§ 33 Abs.2a Nr.1 EStG) – Ermäßigung des Rundfunkbeitrag: Menschen mit Behinderung mit GdB 80, die wegen ihres Leidens an öffentlichen Veranstaltungen ständig nicht teilnehmen können (Merkzeichen RF) – Abzug eines Freibetrags bei der Einkommensermittlung im Rahmen der sozialen Wohnraumförderung bei gleichzeitiger Pflegebedürftigkeit in Höhe von 4.500 Euro**
90	wie bei GdB 80, und: – Steuerfreibetrag 2.460 EUR (§ 33b EStG), – Telekom: Sozialtarif 2 für Personen, die blind, gehörlos oder sprachbehindert sind mit einem GdB von 90***
100	wie bei GdB 90, und: – Steuerfreibetrag 2.840 EUR (§ 33b EStG)**** – Abzug eines Freibetrags bei der Einkommensermittlung im Rahmen der sozialen Wohnraumförderung in Höhe von 4.500 Euro

* Für Menschen mit Merkzeichen aG, Bl, TBl und H 4.500 Euro unabhängig vom GdB

** Abzug eines Freibetrags bei der Einkommensermittlung im Rahmen der sozialen Wohnraumförderung bei gleichzeitiger Pflegebedürftigkeit und einem GdB von weniger als 80: 2.100 Euro.

*** Telekom: Sozialtarif 1 bei Merkzeichen RF unabhängig vom GdB.

****Bei Merkzeichen Bl und H beträgt der Pauschbetrag 7.400 Euro, unabhängig vom GdB.

7.

Leistungen der Krankenkassen

Hilfen durch die gesetzliche Krankenversicherung

Dieser Ratgeber befasst sich nicht mit allen medizinischen Leistungen der Krankenkassen, sondern nur mit möglichen finanziellen Hilfen für Menschen mit Behinderung. Daher beschränkt sich dieses Kapitel auf die wenigen Maßnahmen, die Menschen mit Behinderung einen finanziellen Vorteil bringen. Bezug genommen wird dabei ausschließlich auf die gesetzlichen Krankenkassen (GKV), denn je nach Vertrag gestalten sich Leistungen der privaten Krankenkassen ganz unterschiedlich und sind in diesem Rahmen nicht darstellbar.

Stichwort: Private Krankenversicherung

Weil die Beiträge der privaten Krankenversicherung mit zunehmenden Alter immer mehr steigen, wünschen sich viele einen „Umstieg" in die gesetzliche Krankenversicherung. Dies ist aber aus vielen Gründen nicht einfach. Die Aussage „einmal privat – immer privat" ist für die Betroffenen in vielen Fällen traurige Wahrheit.

Eine kleine Ausnahme gibt es bei Vorliegen einer Schwerbehinderung. Liegt eine solche vor, besteht die Möglichkeit des freiwilligen Beitritts in die gesetzliche Krankenversicherung (geregelt in § 9 Abs. 1 Nr. 4 SGB V). Dabei wird jedoch vorausgesetzt, dass der freiwillige Beitritt innerhalb von drei Monaten nach der Feststellung der Schwerbehinderteneigenschaft erfolgt.

Ebenfalls wird vorausgesetzt, dass die betroffene Person, ein Elternteil oder der Ehegatte in den letzten fünf Jahren vor dem Beitritt mindestens drei Jahre lang versichert war; es sei denn, sie konnten diese Voraussetzung wegen der Behinderung nicht erfüllen.

Wichtig: Die Krankenkasse kann dieses Beitrittsrecht vom Alter des schwerbehinderten Menschen abhängig machen, wobei die Altersgrenzen unterschiedlich sind.

Praxis-Tipp:

Fragen Sie jedenfalls bei jener GKV nach, die infrage kommt. Vielleicht gelingt ja der Umstieg.

Fahrkosten, Krankentransporte

§ **Rechtsgrundlagen zum Nachlesen**

§ 60 SGB V

Krankentransport-Richtlinie

Die Krankenkasse übernimmt Fahrkosten, wenn diese im Zusammenhang mit einer Leistung der Krankenkasse aus zwingenden medizinischen Gründen notwendig sind und vom Arzt verordnet wurden. Selbst wenn eine Verordnung vorliegt, gibt es bezüglich der Bezahlung von Fahrkosten sehr strikte Vorgaben.

Unproblematisch: Fahrten zu voll- oder teilstationären Maßnahmen

Neben Rettungsfahrten übernehmen die Krankenkassen Fahrkosten, wenn diese im Zusammenhang mit einer vollstationären oder teilstationären Leistung der Krankenkasse erforderlich werden (abzüglich der Zuzahlung, siehe nächster Abschnitt), also von:

- Fahrten zu stationären Behandlungen (z. B. Krankenhausaufenthalt, Aufenthalt in einer Reha-Einrichtung, Kurmaßnahme)
- Fahrten zu einer ambulanten Krankenbehandlung sowie zu einer ambulanten Operation oder zu einer vor- oder nachstationären Behandlung im Krankenhaus, wenn dadurch eine an sich gebotene voll- oder teilstationäre Krankenhausbehandlung vermieden oder verkürzt wird oder diese nicht ausführbar ist
- Fahrten, bei denen eine medizinische Betreuung oder die besonderen Einrichtungen eines Krankentransportwagens erforderlich sind (müssen vom Arzt entsprechend verordnet und vorher durch die Krankenkasse genehmigt werden!)

Wichtig: Bei Verlegung in ein anderes Krankenhaus werden die Fahrkosten nur übernommen, wenn die Verlegung aus zwingenden medizinischen Gründen erforderlich ist oder die Krankenkasse vorher genehmigt, dass in ein wohnortnahes Krankenhaus verlegt wird (BSG, Urteil vom 02.11.2007, Az. B 1 KR 11/07 R).

Heikel: Fahrten zur ambulanten Behandlung

Fahrkosten im Zusammenhang mit einer ambulanten Behandlung werden von der Krankenkasse nur in besonderen Ausnahmefällen übernommen. Zudem müssen diese Fahrten im Vorhinein von der Krankenkasse genehmigt werden.

Die Krankenhaustransport-Richtlinie regelt, in welchen Fällen die Kosten von den Kassen übernommen werden dürfen:

7

- der Versicherte ist in Besitz eines Schwerbehindertenausweises mit den Merkzeichen „aG" (außergewöhnliche Gehbehinderung), „Bl" (blind) oder „H" (hilflos)
- der Versicherte ist in den Pflegegrad 3, 4 oder 5 eingestuft und es liegt eine dauerhafte Beeinträchtigung der Mobilität bei der Beförderung vor; bei Pflegegrad 3 muss die Mobilitätsbeeinträchtigung dazu noch gesondert von einem Arzt festgestellt werden
- der Versicherte war bereits vor dem 31.12.2016 in die Pflegestufe II eingestuft und wurde zum Jahreswechsel 2016/2017 dann (mindestens) in den Pflegegrad 3 übergeleitet
- Der Versicherte muss sich einer Behandlung mit einem durch die Grunderkrankung vorgegebenen Therapieschema unterziehen,
  - die über einen längeren Zeitraum notwendig ist (mindestens sechs Monate),
  - eine hohe Behandlungsfrequenz aufweist (mindestens zwei mal wöchentlich, siehe auch Urteil des Bundessozialgerichts vom 28.07.2008, Az. B 1 KR 27/07 R) und
  - die Behandlung oder der Krankheitsverlauf den Versicherten in der Weise beeinträchtigt, dass eine Beförderung zur Vermeidung von Schaden an Leib und Leben unerlässlich ist.

  Dies ist in der Regel bei einer Dialysebehandlung, einer onkologischen Strahlentherapie oder einer parenteralen antineoplastischen Arzneimitteltherapie bzw. parenteralen onkologischen Chemotherapie der Fall.

Wichtig: Um eine Kostenerstattung zu erhalten, müssen diese Fahrten vor Durchführung von der Krankenkasse genehmigt werden. Kontaktieren Sie daher unbedingt vorher Ihre Kasse zur Genehmigung der Kostenübernahme, Sie gehen sonst das Risiko ein, auf den Kosten sitzen zu bleiben. Den Antrag auf Fahrkostenerstattung müssen Sie bei den meisten Kassen schriftlich stellen, nachdem der behandelnde Arzt die Fahrt(en) verordnet hat. Nahezu jede Kasse hat dafür ein entsprechendes Antragsformular, das Sie anfordern oder im Internet von der Homepage der Kasse downloaden können. Dem Antrag müssen Sie die Verordnung des behandelnden Arztes beilegen.

Praxis-Tipp:

Ohne vorherige Genehmigung werden die Fahrkosten für Krankenfahrten zur ambulanten Behandlung übernommen, wenn eine der der folgenden Voraussetzungen vorliegt:

- *ein Schwerbehindertenausweis mit dem Merkzeichen „aG", „Bl" oder „H"*
- *eine Einstufung in den Pflegegrad 3, 4 oder 5, bei Einstufung in den Pflegegrad 3 zusätzlich eine dauerhafte (mehr als sechs Monate) Beeinträchtigung der Mobilität*
- *bis zum 31.12.2016 eine Einstufung in die Pflegestufe II*

Welche Kosten werden übernommen?

Grundsätzlich werden die Kosten für ein öffentliches Verkehrsmittel übernommen. Ist es aus medizinischen Gründen nicht möglich, ein öffentliches Verkehrsmittel in Anspruch zu nehmen, werden die Kosten für ein Taxi oder einen Mietwagen übernommen. Falls medizinisch notwendig, können auch die Kosten für einen Krankentransport mit fachlicher Betreuung übernommen werden. Dies muss der Arzt in einem Attest bestätigen bzw. verordnen.

Es gilt also sozusagen eine Genehmigungsrangfolge:

1. Öffentliche Verkehrsmittel
2. Taxi oder Mietwagen (dazu zählen auch Wagen mit behindertengerechter Einrichtung zur Beförderung von Rollstuhlfahrern)

3. Krankenwagen oder Rettungsfahrzeug (hier rechnen die Kranken- oder Rettungstransportunternehmen direkt mit der Kasse ab)

Wichtig: Der Taxischein muss immer gesondert für eine Hin- und Rückfahrt ausgestellt werden.

Bei Fahrten mit dem Privatauto werden derzeit mindestens 20 Cent pro Kilometer, maximal 150 Euro gezahlt; es gelten die Regeln der Kostenerstattung nach dem Bundesreisekostengesetz (§ 5, der die Wegstreckenentschädigung regelt).

Wichtig: Die Hin-/Rückfahrt mit dem eigenen Fahrzeug darf aber nicht teurer sein als bei den obengenannten Verkehrsmitteln.

Wichtig zu wissen ist auch, dass von den Kassen grundsätzlich nur die Fahrkosten zur und von der nächsterreichbaren geeigneten Behandlungsstätte erstattet werden. Eine Ausnahme von diesem Wirtschaftlichkeitsgrundsatz besteht nur, wenn ein zwingender medizinischer Grund für die Behandlung an einem entfernteren Ort gegeben ist.

In bestimmten Fällen kann es notwendig sein, dass der Versicherte während der Fahrt begleitet werden muss, etwa aus medizinischen Gründen oder aufgrund des Alters des Kindes. Die Mehrkosten für die Begleitperson übernimmt die Krankenkasse ebenfalls, sofern der Arzt die Notwendigkeit der Begleitperson auf der Verordnung bestätigt. Unter Mehrkosten ist dabei auch der Fall zu verstehen, dass die Begleitperson während der Behandlung nicht vor Ort warten kann; die Krankenkasse übernimmt in diesem Fall auch die Kosten für die Fahrten, die die Begleitperson ohne den Versicherten von oder zur Behandlungsstätte zurücklegt.

Die Kostenerstattung erfolgt abzüglich der Zuzahlung; ist eine Person von der Zuzahlungspflicht befreit, entfällt diese Verpflichtung (siehe dazu den folgenden Abschnitt).

Wichtig: Handelt es sich um Fahrkosten im Zusammenhang mit Leistungen zur medizinischen Rehabilitation, fällt keine Zuzahlung an. Diese werden dann unter den Voraussetzungen des § 53 SGB IX gezahlt; diese entsprechen den hier dargestellten Regelungen zur Kostenhöhe.

Befreiung von der Zuzahlung

Zuzahlungsregeln

§ **Rechtsgrundlagen zum Nachlesen**

Grundsatz Zuzahlung: § 61 SGB V

Gesetzlich Krankenversicherte müssen grundsätzlich Zuzahlungen leisten. Das betrifft Arznei-, Verband-, Heil- und Hilfsmittel, Fahrkosten, Zahnersatz, stationäre Vorsorge- und Rehabilitationsmaßnahmen.

Die Zuzahlung für verschreibungspflichtige Arznei-, Verband-, Heil- und Hilfsmittel beträgt mindestens 5 Euro und maximal 10 Euro je Mittel. Gleiches gilt auch für eventuelle Fahrkosten (siehe dazu oben). Für Zahnersatz gelten Festzuschüsse.

Wichtig: Liegen die Kosten des Mittels/der Maßnahme unter 5 Euro, muss nur der tatsächliche Preis bezahlt werden.

Es gibt aber in vielen Fällen eine vollständige oder zumindest teilweise Befreiung:

- Von der Zuzahlung vollständig befreit sind Kinder und Jugendliche, die das 18. Lebensjahr noch nicht vollendet haben und nicht berufstätig sind (Ausnahmen: Kieferorthopädie und Fahrkosten).
- Teilweise von Zuzahlungen befreit sind grundsätzlich chronisch Kranke.

Wichtig: Wird die im Gesetz festgelegte Einkommensgrenze überschritten, übernimmt die Krankenkasse die Zuzahlung ab einer bestimmten einkommensabhängigen Höhe. Für Zahnersatz gelten andere Regelungen, fragen Sie hier im Zweifelsfall bei Ihrer Krankenkasse nach.

Zuzahlungen auf einen Blick:

Leistungen der GKV	Zuzahlungen	Ausnahmen
Arznei- und Verbandmittel	10 % des Preises, jedoch mindestens 5 EUR und maximal 10 EUR pro Arzneimittel, jedenfalls nicht mehr als die Kosten des Mittels	18. Lebensjahr noch nicht vollendet
Fahrkosten	10 % des Fahrpreises, mindestens 5 EUR und höchstens 10 EUR, jedenfalls nicht mehr als die Kosten des Fahrpreises	Keine (gilt auch für Kinder und Jugendliche!)
Häusliche Krankenpflege	10 % der Kosten des Mittels, zuzüglich 10 EUR je Verordnung	18. Lebensjahr noch nicht vollendet
Haushaltshilfe	10 % der kalendertäglichen Kosten, jedoch höchstens 10 EUR und mindestens 5 EUR	18. Lebensjahr noch nicht vollendet
Heilmittel (z. B. Krankengymnastik, Logopädie, Ergotherapie)	10 % der Kosten des Mittels, zuzüglich 10 EUR je Verordnung	18. Lebensjahr noch nicht vollendet
Hilfsmittel (z. B. Hörgerät, Rollstuhl)	10 % der Kosten für jedes Hilfsmittel, jedoch mindestens 5 EUR und maximal 10 EUR, jedenfalls nicht mehr als die Kosten des Mittels	18. Lebensjahr noch nicht vollendet
Krankenhausbehandlung	10 EUR pro Tag	begrenzt auf 28 Tage im Kalenderjahr 18. Lebensjahr noch nicht vollendet
Mütter- bzw. Väterkuren	10 EUR pro Tag	18. Lebensjahr noch nicht vollendet

Leistungen der GKV	Zuzahlungen	Ausnahmen
Soziotherapie	10 % der kalendertäglichen Kosten, jedoch höchstens 10 EUR und mindestens 5 EUR	18. Lebensjahr noch nicht vollendet
Stationäre Vorsorge und Rehabilitation	10 EUR pro Tag	Anschlussheilbehandlungen: Begrenzung auf 28 Tage im Kalenderjahr 18. Lebensjahr noch nicht vollendet

Belastungsgrenze

§ **Rechtsgrundlagen zum Nachlesen**

§ 62 SGB V

Richtlinie des Gemeinsamen Bundesausschusses zur Definition schwerwiegender chronischer Kranker (Chroniker-Richtlinie)

7

Nach Erreichen der sogenannten Belastungsgrenze erfolgt eine Befreiung für den Rest des Kalenderjahres. Diese Grenze beträgt

- 2 Prozent des Familieneinkommens (brutto) bzw.
- 1 Prozent für chronisch Kranke.

Wer gilt als chronisch krank?

In der Richtlinie des Gemeinsamen Bundesausschusses zur Definition schwerwiegender chronischer Kranker wird eine Krankheit als schwerwiegend chronisch eingestuft, wenn sie wenigstens ein Jahr lang, mindestens einmal pro Quartal ärztlich behandelt wurde (Dauerbehandlung) und eines der folgenden Merkmale vorliegt:

- Pflegebedürftigkeit der Pflegegrade 3 oder 4
- GdB von mindestens 60, wobei der GdB zumindest auch durch die Krankheit, die dauerbehandelt wird, begründet sein muss

- Minderung der Erwerbsfähigkeit (MdE) von mindestens 60 Prozent, wobei die MdE zumindest auch durch die Krankheit, die dauerbehandelt wird, begründet sein muss
- Erforderlichkeit einer kontinuierlichen medizinischen Versorgung (ärztliche oder psychotherapeutische Behandlung, Arzneimitteltherapie, Behandlungspflege, Versorgung mit Heil- und Hilfsmitteln), ohne die nach ärztlicher Einschätzung zu erwarten ist:
  - eine lebensbedrohliche Verschlimmerung oder
  - eine Verminderung der Lebenserwartung oder
  - eine dauerhafte Beeinträchtigung der Lebensqualität durch die aufgrund der dauerbehandelten Krankheit verursachte Gesundheitsstörung

7

Ermittlung der Belastungsgrenzen

Bei der Ermittlung der Belastungsgrenzen werden sämtliche Bruttoeinnahmen eines Haushalts zusammengezählt. Davon abgezogen werden (Werte, Stand: 2021):

für den ersten im gemeinsamen Haushalt lebenden Angehörigen	15 % der sozialversicherungsrechtlichen Bezugsgröße	5.922 EUR
für jeden weiteren Angehörigen	10 % der sozialversicherungsrechtlichen Bezugsgröße	3.948 EUR
handelt es sich bei diesen Angehörigen um Kinder des Versicherten und/oder seines Lebenspartners, statt dessen pro Kind	steuerrechtlicher Kinderfreibetrag	8.388 EUR, bei Alleinstehenden 4.194 EUR

Bei den Einnahmen bleiben Renten nach dem Bundesversorgungsgesetz oder nach dem Bundesentschädigungsgesetz unberücksichtigt. Bei Sozialhilfeempfängern oder Heimbewohnern, deren Unterbringungskosten von einem Sozialhilfeträger getragen werden, gilt als Bruttoeinnahmen der Regelsatz eines Haushaltsvorstands (sog. Eckregelsatz) nach dem SGB XII. Die Höhe des Eckregelsatzes beträgt ab 01.01.2021 446 Euro.

8.

Leistungen der Pflegeversicherung

Grundsätzliches

Die Pflegeversicherung ist ein eigenständiger Zweig der Sozialversicherung. Es handelt sich dabei um eine Pflichtversicherung, die nicht an den beruflichen Status oder bestimmte Einkommen gebunden ist. Somit sind alle Krankenversicherten kraft Gesetzes auch in die Pflegeversicherung einbezogen. Es gilt dabei der Grundsatz „Pflegeversicherung folgt Krankenversicherung", pflegeversichert ist man also bei der privaten oder gesetzlichen Kasse, bei der man auch krankenversichert ist. Der Leistungsumfang ist aber grundsätzlich bei allen gesetzlichen und privaten Versicherern gleich.

Begriff der Pflegebedürftigkeit

§ **Rechtsgrundlagen zum Nachlesen**

§ 14 SGB XI

Seit 01.01.2017 gilt der neue Pflegebedürftigkeitsbegriff, der wie folgt definiert ist:

- Pflegebedürftig sind Personen, die gesundheitlich bedingte Beeinträchtigungen der Selbständigkeit und Fähigkeiten aufweisen und deshalb der Hilfe durch andere bedürfen.
- Es muss sich um Personen handeln, die körperliche, kognitive oder psychische Belastungen oder gesundheitlich bedingte Belastungen oder Anforderungen nicht selbständig kompensieren oder bewältigen können.
- Die Pflegebedürftigkeit muss auf Dauer, voraussichtlich für mindestens sechs Monate bestehen.

Maßgeblich für die Begutachtung ist die Schwere der Beeinträchtigung der Selbständigkeit bzw. der Fähigkeit, bestimmte Dinge selbst zu erledigen.

Checkliste Selbständigkeit: Definition und Abstufungen

Selbständig

- Die Person ist fähig, eine Handlung oder Aktivität allein, das heißt ohne Unterstützung einer anderen Person durchzuführen.

- Selbständig ist auch, wer eine Handlung unter Nutzu mitteln durchführen kann (z. B. Bewegen in der Woh eines Rollators).

Überwiegend selbständig

- Die Person kann den größten Teil der Aktivität selbständig durchführen. Es entsteht nur geringer/mäßiger Aufwand für die Pflegeperson.

Überwiegend unselbständig

- Die Person kann die Aktivität nur zu einem geringen Anteil selbständig durchführen.
- Es sind aber Ressourcen vorhanden, so dass sie sich beteiligen kann.
- Dies setzt ggf. ständige Anleitung oder aufwändige Motivation auch während der Aktivität voraus oder Teilschritte der Handlung müssen übernommen werden.
- Zurechtlegen und Richten von Gegenständen, wiederholte Aufforderungen oder punktuelle Unterstützungen reichen nicht aus.

Unselbständig

- Die Person kann die Aktivität in der Regel nicht selbständig durchführen bzw. steuern, auch nicht in Teilen.
- Es sind kaum oder keine Ressourcen vorhanden. Motivation, Anleitung, ständige Beaufsichtigung reichen auf keinen Fall aus.
- Die Pflegeperson muss alle oder nahezu alle Teilhandlungen anstelle der betroffenen Person durchführen.
- Eine minimale Beteiligung ist nicht zu berücksichtigen (z. B. wenn sich die Person nicht durchgehend und nur mit kleinen Teilhandlungen beteiligt).

Leistungen der Pflegeversicherung

§ **Rechtsgrundlagen zum Nachlesen**

§ 28 SGB XI

Die Leistungen der Pflegeversicherung umfassen unter anderem folgende Bereiche, die nachfolgend noch erläutert werden:

- Pflegegeld
- Pflegesachleistung (häusliche Pflegehilfe)
- Kombination von Geld- und Sachleistung
- teilstationäre Pflege
- vollstationäre Pflege
- Kurzzeitpflege
- Verhinderungspflege
- Pflegehilfsmittel und technische Hilfen
- Wohnumfeldverbessernde Maßnahmen
- Entlastungsbetrag
- Information über Ansprüche, Pflegeberatung

Wichtig: Die Gewährung dieser Leistungen richtet sich nach dem Pflegegrad und der Art der Pflege (häuslich, teil- oder vollstationär).

Die Pflegegrade

§ **Rechtsgrundlagen zum Nachlesen**

§§ 14 und 15 SGB IX, Anlage 1 zu § 15 SGB XI
Begutachtungs-Richtlinien

Fünf für alle Pflegebedürftigen einheitlich geltende Pflegegrade ersetzen das bis Ende 2016 geltende System der drei Pflegestufen und der zusätzlichen Feststellung von erheblich eingeschränkter Alltagskompetenz. Ausschlaggebend für die Einstufung in den jeweiligen Pflegegrad (PG) ist die Beeinträchtigung der Selbständigkeit oder Fähigkeiten.

Bei der Begutachtung durch den Medizinischen Dienst geht es darum, wie selbständig die pflegebedürftige Person ihren Alltag bewältigen kann. Die Fähigkeiten und Beeinträchtigungen des pflegebedürftigen Menschen werden dabei in sechs verschiedenen Bereichen bewertet:

- Mobilität
- Kognitive und kommunikative Fähigkeiten
- Verhaltensweisen und psychische Problemlagen

- Selbstversorgung
- Bewältigung von und selbständiger Umgang mit krankheits- oder therapiebedingten Anforderungen und Belastungen
- Gestaltung des Alltagslebens und sozialer Kontakte

In diesen Bereichen werden viele Einzelkriterien abgefragt und je nach Beeinträchtigung der Selbständigkeit oder Fähigkeiten mit Punkten bewertet – erreicht werden können insgesamt 100 Punkte. Je höher die erreichte Punktzahl, desto höher der Pflegegrad.

Pflegegrad (PG)	**Beeinträchtigung der Selbständigkeit oder Fähigkeiten**	**Punkte**
PG 1	geringe Beeinträchtigung	12,5 bis unter 27
PG 2	erhebliche Beeinträchtigung	27 bis unter 47,5
PG 3	schwere Beeinträchtigung	47,5 bis unter 70
PG 4	schwerste Beeinträchtigung	70 bis unter 90
PG 5	schwerste Beeinträchtigung mit besonderen Anforderungen an die pflegerische Versorgung	90 bis 100

Sonderregelung aufgrund der Corona-Pandemie

Um die gefährdete Personengruppe der Pflegebedürftigen vor zusätzlichen Ansteckungsgefahren durch das Coronavirus SARS-CoV-2 zu schützen, wurden Pflegegutachten bis 30.09.2020 statt in einer umfassenden persönlichen Befunderhebung im Wohnbereich aufgrund der zur Verfügung stehenden Unterlagen (Aktenlage) in Kombination mit strukturierten Telefon-/Video-Interviews erstellt.

Aufgrund des Ansteckungsrisikos für alle Beteiligten und zur Eindämmung der Corona-Infektionszahlen hat die Bundesregierung im Krankenhauszukunftsgesetz beschlossen, diese Regelung (Beratungsbesuch telefonisch, digital oder mittels Einsatz von Videotechnik) weiterzuführen. Dies gilt zunächst bis 31.03.2021; sollte sich die Infektionslage bis dahin nicht gebessert haben, wird wohl verlängert.

Die Leistungen im Einzelnen

Grundsätzlich werden die Leistungen der Pflegeversicherung seit 01.01.2017 für die Pflegegrade 2 bis 5 gewährt.

Aber: Zum Zweck der Erhaltung und Wiederherstellung der Selbständigkeit und der Vermeidung schwererer Pflegebedürftigkeit wurde der Pflegegrad 1 für beeinträchtigte Pflegebedürftige geschaffen, die nur einen geringen Grad an personeller Unterstützung (Teilhilfe bei Selbstversorgung, Verlassen der Wohnung, Haushaltsführung) benötigen. Oft sind dies somatisch beeinträchtigte Menschen.

Dieser Personenkreis erhält bei Vorliegen von Pflegegrad 1 nur eingeschränkt Leistungen der Pflegeversicherung (§ 28a SGB XI). Insbesondere folgende Leistungen können gewährt werden:

- Pflegeberatung, Beratung in der eigenen Häuslichkeit und Pflegekurse für Angehörige und ehrenamtliche Pflegepersonen
- Versorgung mit Pflegehilfsmitteln
- Wohnumfeldverbessernde Maßnahmen
- Zusätzliche Betreuung und Aktivierung in stationären Pflegeeinrichtungen

Weitere Leistungen werden nicht gewährt.

Die im Folgenden dargestellten Leistungen beziehen sich daher auf die Pflegegrade 2 bis 5, es sei denn, eine mögliche Inanspruchnahme von Menschen mit Pflegegrad 1 ist extra erwähnt.

Pflegesachleistung

§ **Rechtsgrundlagen zum Nachlesen**

§ 36 SGB XI

Im Rahmen der Pflegesachleistung erhält der Pflegebedürftige eine persönliche Dienstleistung, die der Leistungserbringer unmittelbar mit der Pflegekasse abrechnet (sog. häusliche Pflegehilfe). Mit anderen Worten: Der Pflegebedürftige beauftragt einen Pflegedienst bzw. professionelle Pflegekräfte.

Der Anspruch auf häusliche Pflegehilfe umfasst:

- körperbezogene Pflegemaßnahmen
- pflegerische Betreuungsmaßnahmen
- Hilfen bei der Haushaltsführung

Höhe der Pflegesachleistung	
Pflegegrad (PG)	**monatlich**
PG 1	kein Anspruch
PG 2	689 EUR
PG 3	1.298 EUR
PG 4	1.612 EUR
PG 5	1.995 EUR

Pflegegeld

§ **Rechtsgrundlagen zum Nachlesen**

§ 37 SGB XI

Anstelle der Pflegesachleistung können Pflegebedürftige auch eine Geldleistung, das sogenannte Pflegegeld, wählen. In diesem Fall organisiert der Pflegebedürftige seine Pflege selbst; die Geldleistung soll Kosten für eine selbst beschaffte Pflegekraft abdecken. Hier geht der Gesetzgeber davon aus, dass diese Person dem Pflegebedürftigen nahe steht und der Pflegebedarf mit einem geringeren Betrag als für die Dienstleistung abgegolten werden kann.

Voraussetzung für den Anspruch auf Pflegegeld ist, dass der Pflegebedürftige mit dem Geld seinen Bedarf an erforderlicher Grundpflege und hauswirtschaftlicher Versorgung durch eine Pflegeperson in geeigneter Weise selbst sicherstellt. Dies wird auch überprüft. In regelmäßigen Abständen muss der Pflegebedürftige dazu einen sogenannten Beratungseinsatz abrufen: in den Pflegegraden 2 und 3 einmal halbjährlich und in den Pflegegraden 4 und 5 einmal vierteljährlich. Dazu kommt

8

ein Pflegedienst oder ein fachlich kompetenter Mitarbeiter eines Pflegestützpunktes ins Haus. Die Kosten dafür trägt die Pflegekasse.

Wichtig: Dass ein Beratungseinsatz stattgefunden hat, muss der Pflegegeldbezieher der Pflegekasse nachweisen. Tut er dies nicht, wird zunächst das Pflegegeld gekürzt, im Wiederholungsfall sogar entzogen.

8

Sonderregelung aufgrund der Corona-Pandemie

Um die Pflegebedürftigen und ihre Angehörigen vor zusätzlichen Ansteckungsgefahren durch das Coronavirus SARS-CoV-2 zu schützen und um das vorhandene Pflegekräfteangebot auf die Sicherstellung der Versorgung hin zu konzentrieren, konnte das Pflegegeld im Zeitraum vom 01.01.2020 bis 30.09.2020 bezogen werden, ohne dass ein Beratungseinsatz abgerufen werden musste (Sonderregelung in § 148 SGB XI). Diese Frist wurde über den 01.10.2020 hinaus nicht verlängert, so dass an sich der Beratungsbesuch bis 31.12.2020 nachgeholt werden müsste. Wie der GKV-Spitzenverband allerdings mitgeteilt hat (vgl. Beraterbrief Pflege 2020/20 S. 2), wird aufgrund weiter steigender bzw. weiter hoher Corona-Fallzahlen berücksichtigt, dass

- Pflegebedürftige ihr Infektionsrisiko minimieren wollen und darum auf den Kontakt mit fremden Personen in ihrer häuslichen Umgebung verzichten möchten und
- Pflegedienste keine Kapazitäten für Beratungseinsätze haben, weil sie während der Pandemie für die Versorgung kranker und pflegebedürftiger Menschen benötigt werden.

In diesen Ausnahmefällen müssen Pflegebedürftige mit den Pflegegraden 2 und 3 den Beratungseinsatz bis spätestens 30.06.2021 nachweisen, Pflegebedürftige mit den Pflegegraden 4 und 5 bis zum 31.03.2021.

Höhe der Pflegegelds	
Pflegegrad (PG)	**monatlich**
PG 1	kein Anspruch
PG 2	316 EUR

Höhe der Pflegegelds	
Pflegegrad (PG)	**monatlich**
PG 3	545 EUR
PG 4	728 EUR
PG 5	901 EUR

Sonderregelung: Bayerisches Pflegegeld

Seit September 2018 zahlt der Freistaat Bayern ein Landespflegegeld in Höhe von 1000 Euro im Jahr aus. Ein Antrag kann vom Pflegebedürftigen gestellt werden, wenn ein Bescheid der Pflegeversicherung vorliegt, in dem mindestens Pflegegrad 2 festgestellt ist und ein erster Wohnsitz in Bayern angemeldet ist.

Ausgezahlt wird das Landespflegegeld von der Landespflegegeldstelle, die in Amberg neu geschaffen wurde.

Ein einmal gestellter Antrag wirkt für die nachfolgenden Pflegegeldjahre fort. Eine jährlich erneute Antragstellung entfällt.

Mehr Informationen sowie die Möglichkeit der elektronischen Antragstellung finden Sie unter: www.landespflegegeld.bayern.de

Kombination von Geld- und Sachleistung

§ **Rechtsgrundlagen zum Nachlesen**

§ 38 SGB XI

Nimmt der Pflegebedürftige Pflegesachleistungen nur teilweise in Anspruch, erhält er daneben ein anteiliges Pflegegeld.

Die Geldleistung, also das Pflegegeld, kann damit auch zum Ausgleich nicht genutzter, aber gemäß des Pflegegrads bereitstehender Pflegeeinsätze beansprucht werden. Werden die Sachleistungen beispielsweise zur Hälfte aufgebraucht, besteht noch Anspruch auf die Hälfte des Pflegegelds. Werden die Sachleistungen zu drei Vierteln in Anspruch genommen, bekommt der Pflegebedürftige noch ein Viertel des Pflegegelds.

Wichtig: Wer Sachleistung und Geldleistung kombinieren will, muss sich für eine bestimmte Aufteilung zwischen den beiden Leistungsarten entscheiden und ist an seine Entscheidung für sechs Monate gebunden. Diese Bindungsfrist gilt nicht bei einem „Tausch" der Leistungen, also wenn der Pflegebedürftige nur noch Pflegesachleistung oder nur noch Pflegegeld in Anspruch nehmen will. In diesem Fall genügt es, dies der Pflegekasse mitzuteilen.

Tagespflege, Nachtpflege (teilstationäre Pflege)

§ **Rechtsgrundlagen zum Nachlesen**

§ 41 SGB XI

Kann die häusliche Pflege eines Pflegebedürftigen nicht in ausreichendem Umfang sichergestellt werden, besteht ein zeitlich nicht begrenzter Anspruch auf teilstationäre Pflege in Einrichtungen der Tages- oder Nachtpflege.

Unter Tagespflege versteht man die zeitweise Betreuung im Tagesverlauf in einer Pflegeeinrichtung. Hier werden pflegebedürftige Menschen betreut, die aufgrund ihrer körperlichen, geistigen oder seelischen Beeinträchtigungen nicht allein in ihrer Wohnung leben können und tagsüber Unterstützung brauchen, ansonsten aber von ihren Angehörigen oder anderen Personen zu Hause gepflegt werden.

Bei der Nachtpflege werden pflegebedürftige Menschen, die Hilfestellungen beim Zubettgehen, Aufstehen und bei Maßnahmen der Körperpflege benötigen, in Nachtpflegeeinrichtungen betreut. Diese Möglichkeit wird oft von dementen Personen genutzt, die einen gestörten Tag-Nacht-Rhythmus haben. Wenn diese in einer Nachtpflege untergebracht sind, können die Angehörigen durchschlafen und sich tagsüber wieder um ihren Angehörigen kümmern.

Wichtig: Die Leistungen der Tages- und Nachtpflege können neben der ambulanten Pflegesachleistung oder dem Pflegegeld in vollem Umfang und anrechnungsfrei in Anspruch genommen werden.

Höhe der Leistungen bei Tagespflege und Nachtpflege	
Pflegegrad (PG)	**monatlich**
PG 1	kein Anspruch
PG 2	689 EUR
PG 3	1.298 EUR
PG 4	1.612 EUR
PG 5	1.995 EUR

Achtung: Nicht Bestandteil der Versicherungsleistung sind Kosten der Unterkunft und der Verpflegung sowie die Investitionskosten der Einrichtung (sog. Hotelkosten). Sie sind privat zu finanzieren.

Kurzzeitpflege

§ **Rechtsgrundlagen zum Nachlesen**
§ 42 SGB XI

8

Kann für Pflegebedürftige der Pflegegrade 2 bis 5 die häusliche Pflege zeitweise nicht, noch nicht oder nicht im erforderlichen Umfang erbracht werden und reicht auch teilstationäre Pflege nicht aus, besteht Anspruch auf Pflege in einer vollstationären Einrichtung.

Dies gilt in Krisensituationen, in denen vorübergehend häusliche oder teilstationäre Pflege nicht möglich oder nicht ausreichend ist oder etwa für eine Übergangszeit im Anschluss an eine stationäre Behandlung des Pflegebedürftigen.

Der Anspruch auf Kurzzeitpflege ist auf acht Wochen pro Kalenderjahr beschränkt.

Die Pflegekasse übernimmt die pflegebedingten Aufwendungen der Betreuung sowie die Aufwendungen für Leistungen der medizinischen Behandlungspflege bis zu einem Gesamtbetrag von 1.612 Euro im Kalenderjahr.

Praxis-Tipp:

Die Kurzzeitpflege kann um den Leistungsbetrag für die Verhinderungspflege (siehe unten) erhöht werden. Es können somit Leistungen bis zu 3.224 Euro für die Kurzzeitpflege in Anspruch genommen werden, soweit im Kalenderjahr keine Leistungen der Verhinderungspflege in Anspruch genommen werden. Der erhöhte Leistungsbetrag ist für pflegebedingte Aufwendungen, medizinische Behandlungspflege und Betreuung verwendbar (§ 42 Abs. 2 SGB XI).

Verhinderungspflege

§ **Rechtsgrundlagen zum Nachlesen**

§ 39 SGB XI

Ist eine vom Pflegebedürftigen selbst beschaffte Pflegeperson verhindert, die Pflege durchzuführen, und wurde der Pflegebedürftige, der zum Zeitpunkt der Verhinderung mindestens in Pflegegrad 2 eingestuft sein muss, bereits sechs Monate vorher in seiner häuslichen Umgebung gepflegt, so übernimmt die Pflegekasse für sechs Wochen (= 42 Kalendertage) die nachgewiesenen Kosten für eine Ersatzpflegekraft.

Zur Verfügung steht ein Betrag in Höhe von 1.612 Euro im Kalenderjahr, wenn die Pflegeperson mit dem Pflegebedürftigen nicht bis zum zweiten Grade verwandt oder verschwägert ist oder mit ihm in häuslicher Gemeinschaft lebt.

Pflegt dagegen der Partner oder enge oder verschwägerte Verwandte, können grundsätzlich höchstens die Aufwendungen in Höhe des Betrags des Pflegegelds für bis zu sechs Wochen geltend gemacht werden, also das 1,5-fache des Pflegegelds als Höchstbetrag für sechs Wochen.

Praxis-Tipp:

Bis zu 50 Prozent des Leistungsbetrags für Kurzzeitpflege (also bis zu 806 Euro) können zusätzlich für Verhinderungspflege verwendet werden. Die Leistungen für die Verhinderungspflege lassen sich somit auf maximal 2.418 Euro ausdehnen.

> *Der für die Verhinderungspflege in Anspruch genommene Erhöhungsbetrag wird dann auf den Leistungsbetrag für eine Kurzzeitpflege angerechnet. Diese Möglichkeit besteht folglich nur, wenn für diesen Betrag noch keine Kurzzeitpflege in Anspruch genommen wurde.*

Vollstationäre Pflege

§ **Rechtsgrundlagen zum Nachlesen**

§ 43 SGB XI

Pflegebedürftige haben Anspruch auf Pflege in vollstationären Einrichtungen, wenn häusliche oder teilstationäre Pflege nicht möglich ist oder wegen der Besonderheit des Einzelfalles nicht in Betracht kommt (z. B. Fehlen einer Pflegeperson, Überforderung der Pflegeperson, Eigengefährdungstendenz des Pflegebedürftigen, behindertengerechter Umbau einer Wohnung ist nicht möglich).

Die Pflegekasse übernimmt dann die pflegebedingten Aufwendungen einschließlich der Aufwendungen für die Betreuung und die Aufwendungen für Leistungen der medizinischen Behandlungspflege für Pflegebedürftige ab Pflegegrad 2 in folgender Höhe:

Höhe der Leistungen für vollstationäre Pflege	
Pflegegrad (PG)	**monatlich**
PG 2	770 EUR
PG 3	1.262 EUR
PG 4	1.775 EUR
PG 5	2.005 EUR

Wichtig: Wie aus den Summen oben leicht abzulesen ist, werden nicht alle Kosten der vollstationären Pflege durch die jeweiligen Leistungsbeträge der Pflegeversicherung abgedeckt. Vielmehr muss der Pflegebedürftige einen eigenen finanziellen Beitrag dazuzahlen, der insbesondere die Unterkunfts-, Verpflegungskosten und Investionskosten erfasst. Dazu kommt dann noch der einrichtungseinheitliche Eigenanteil für die pflegerischen Aufwendungen und die Schulung des Personals.

Pauschalleistungen für die Pflege von Menschen mit Behinderung

§ **Rechtsgrundlagen zum Nachlesen**

§ 43a SGB XI

Die Leistungen der Pflege in stationären Einrichtungen erfassen Einrichtungen, in denen

- die Teilhabe am Arbeitsleben,
- die Teilhabe an Bildung,
- die soziale Teilhabe,
- die schulische Ausbildung oder
- die Erziehung von Menschen mit Behinderung

im Vordergrund und die Leistungsberechtigten unter ständiger Beaufsichtigung von Fachpersonal stehen. Dies betrifft Wohnformen, die bisher als stationäre Einrichtungen bezeichnet wurden („Wohnheime"), aber auch teilstationäre Einrichtungen, wie zum Beispiel eine Werkstatt für Menschen mit Behinderung.

Die Pflegekasse übernimmt für Pflegebedürftige (Pflegegrade 2 bis 5) 15 Prozent des vereinbarten Heimentgelts, das der Träger der Sozialhilfe mit der Einrichtung vereinbart hat. Der maximale zu zahlende Betrag der Pflegekasse beträgt 266 Euro je Kalendermonat. Der Leistungsbetrag wird direkt von der Pflegekasse an die jeweilige Einrichtung gezahlt.

Wichtig: Wird der Pflegebedürftige teilweise zuhause gepflegt (z. B. am Wochenende oder in den Ferien), kann diese Leistung auch mit Pflegesachleistungen oder Pflegegeld kombiniert werden. Auch Verhinderungspflege und Kurzzeitpflege können möglich sein, allerdings nur dann, wenn keine Pflege zu Hause möglich ist und der Pflegebedürftige nicht in derselben Einrichtung für Menschen mit Behinderung untergebracht werden kann.

Pflegehilfsmittel, technische Hilfen

§ **Rechtsgrundlagen zum Nachlesen**

§ 40 SGB XI

Pflegebedürftige der Pflegegrade 1 bis 5 haben Anspruch auf Versorgung mit Pflegehilfsmitteln. Unterschieden dabei werden:

- Pflegehilfsmittel, die zum Verbrauch bestimmt sind (z. B. Einmalhandschuhe, Mundschutze, Bettschutzeinlagen, Schutzschürzen, Desinfektionsmittel); dafür steht ein Betrag bis zu 40 Euro monatlich zur Verfügung.
- technische Hilfsmittel (z. B. Pflegebett, Hausnotrufsystem/-gerät, Rückenstütze); ein Höchstbetrag ist hier nicht festgelegt; sie sollen leihweise überlassen werden, wenn das Pflegehilfsmittel nicht auf Dauer benötigt wird.

Versicherte, die das 18. Lebensjahr vollendet haben, müssen für technische Pflegehilfsmittel eine Zuzahlung von 10 Prozent des Abgabepreises, höchstens jedoch 25 Euro je Pflegehilfsmittel zahlen. Für zum Verbrauch bestimmte Pflegehilfsmittel dagegen besteht keine Zuzahlungspflicht.

Auch wichtig zu wissen: Ein Anspruch auf Versorgung mit einem Pflegehilfsmittel besteht nur, wenn das Hilfsmittel nicht wegen Krankheit oder Behinderung von einem anderen Leistungsträger, meist der Krankenversicherung, zu gewähren ist.

Sonderregelung aufgrund der Corona-Pandemie, weitere Verbesserungen

Der Pauschbetrag für Aufwendungen für zum Verbrauch bestimmte Pflegehilfsmittel wurde seit dem 01.04.2020 auf bis zu 60 Euro monatlich erhöht. Pflegebedürftige benötigen dazu keinen gesonderten Antrag und können die Rechnung wie gewohnt bei der Pflegekasse einreichen.

Diese befristete Änderungen von § 40 Abs.2 Satz 1 SGB XI (§ 4 COVID-19-Versorgungsstrukturen-Schutzverordnung; BAnz AT 04.05.2020 V1) gilt bis Aufhebung der Feststellung der epidemischen Lage von nationaler Tragweite.

Weitere Verbesserungen: Bei Drucklegung dieser Auflage war das Gesundheitsversorgungs- und Pflegeverbesserungsgesetz im Gesetzgebungsverfahren. Danach soll ab 01.01.2021 folgendes (weiter)gelten: Wenn im Rahmen der Pflegebegutachtung Hilfsmittel empfohlen werden, gelten sie automatisch als beantragt – auch ohne ärztliche Verordnung. Diese Regelung war bis Ende 2020 befristet. Da sie sich bewährt hat, soll sie nun dauerhaft gelten. Zudem sollen bei der Versorgung mit Pflegehilfsmittel künftig digitale Möglichkeiten noch stärker berücksichtigt werden, zum Beispiel bei der Fortschreibung des Pflegehilfsmittelverzeichnisses.

Wohnumfeldverbessernde Maßnahmen

§ **Rechtsgrundlagen zum Nachlesen**

§ 40 Abs. 4 SGB XI

Zur Verbesserung des Wohnumfelds können Pflegebedürftige der Pflegegrade 1 bis 5 einen Zuschuss je Maßnahme in Höhe von bis zu 4.000 Euro bei der Pflegekasse beantragen. Der Zuschuss in Höhe von 4.000 Euro kann bis zu viermal ausgezahlt werden (also bis zu einer Höhe von maximal 16.000 Euro), wenn mehrere Pflegebedürftige zusammen wohnen; dies gilt auch für ambulant betreute Wohngruppen für Pflegebedürftige.

Für die Bemessung des Zuschusses sieht das Gesetz keine feste Regelung vor. Die Höhe des Zuschusses steht im Ermessen der Pflegekasse.

Wichtig: Der Zuschuss kann pro Maßnahme gezahlt werden. Eine Maßnahme bezieht sich immer auf die Ist-Pflegesituation zum Zeitpunkt der Zuschussgewährung. Müssen in der Wohnung sowohl die Böden rutschfest gemacht werden als auch Haltestangen angebracht werden, damit sich der Pflegebedürftige sicher in der Wohnung bewegen kann, so gilt dies als eine Maßnahme. Ändert sich die Pflegesituation nach der Zuschussgewährung (etwa weil dem Pflegebedürftigen jetzt Treppensteigen nicht mehr möglich ist und deshalb ein Treppenlift eingebaut werden muss), kann ein neuer Antrag gestellt werden.

Der GKV-Spitzenverband und die Verbände der Pflegekassen auf Bundesebene geben regelmäßig ein „Gemeinsames Rundschreiben zu den leistungsrechtlichen Vorschriften des SGB XI“ (letzte Aktualisierung: 21.04.2020) heraus, das für die Pflegekassen verbindliche Vorgaben macht. In diesem Rundschreiben finden sich folgende Maßnahmen, die die Spitzenverbände als zuschussfähig betrachten:

Maßnahmen im Treppenhaus/Eingangsbereich	
Ausstattung	**Mögliche Veränderungen**
Aufzug	Einbau eines Personenaufzuges in einem eigenen Haus Anpassung an die Bedürfnisse eines Rollstuhlfahrers: ebenerdiger Zugang, Vergrößerung der Türen Schalterleiste in Greifhöhe Installation von Haltestangen Schaffung von Sitzplätzen
Briefkasten	Absenkung des Briefkastens auf Greifhöhe
Orientierungshilfen	Schaffung von Orientierungshilfen für Sehbehinderte
Treppe	Installation von gut zu umfassenden und ausreichend langen Handläufen auf beiden Seiten Verhinderung der Stolpergefahr durch farbige Stufenmarkierungen an den Vorderkanten Einbau von fest installierten Rampen und Treppenliften
Türen, Türanschläge und Schwellen	Türvergrößerung Abbau von Türschwellen Installation von Türen mit pneumatischem Türantrieb Einbau einer Gegensprechanlage

8

Maßnahmen innerhalb der Wohnung	
Ausstattung	**Mögliche Veränderungen**
Bewegungsfläche	Umbaumaßnahmen zur Schaffung ausreichender Bewegungsfläche, z. B. durch Installation der Waschmaschine in der Küche anstatt im Bad (Aufwendungen für Verlegung der Wasser- und Stromanschlüsse)
Bodenbelag	Beseitigung von Stolperquellen, Rutsch- und Sturzgefahren
Heizung	Installation von z. B. elektrischen Heizgeräten anstelle von Öl-, Gas-, Kohle- oder Holzöfen (wenn dadurch der Hilfebedarf bei der Beschaffung von Heizmaterial kompensiert wird)
Lichtschalter/Steckdosen/Heizungsventile	Installation der Lichtschalter/Steckdosen/Heizungsventile in Greifhöhe Ertastbare Heizungsventile für Sehbehinderte
Reorganisation der Wohnung	Anpassung der Wohnungsaufteilung (ggf. geplant für jüngere Bewohner, Ehepaare) auf veränderte Anforderungen durch Umnutzung von Räumen Stockwerktausch (insbesondere in Einfamilienhäusern sind häufig das Bad und das Schlafzimmer in oberen Etagen eingerichtet)
Türen, Türanschläge und Schwellen	Türvergrößerung Abbau von Türschwellen Veränderung der Türanschläge, wenn sich dadurch der Zugang zu einzelnen Wohnungsbereichen erleichtern oder die Bewegungsfläche vergrößern lässt Einbau von Sicherungstüren zur Vermeidung einer Selbst- bzw. Fremdgefährdung bei desorientierten Personen bei einer bereits installierten Türöffnungs- und -schließungsanlage eine Absenkung der Anlage in Greifhöhe bzw. behinderungsgerechte Anpassung Absenkung eines Türspions
Fenster	Absenkung der Fenstergriffe Anbringung von elektrisch betriebenen Rollläden

Küche	
Ausstattung	**Mögliche Veränderungen**
Armaturen	Installation von Armaturen mit verlängertem Hebel oder Schlaufe Schlauchbrause Installation von Warmwassergeräten, wenn kein fließend warmes Wasser vorhanden ist
Bodenbelag	Verwendung von rutschhemmendem Belag
Kücheneinrichtung	Veränderung der Höhe von z. B. Herd, Kühlschrank, Arbeitsplatte, Spüle als Sitzarbeitsplätze Schaffung einer mit dem Rollstuhl unterfahrbaren Kücheneinrichtung Absenkung von Küchenoberschränken (ggf. maschinelle Absenkvorrichtung) Schaffung von herausfahrbaren Unterschränken (ggf. durch Einhängekörbe)

Bad, Toilette	
Ausstattung	**Mögliche Veränderungen**
Einbau eines fehlenden Bades/WC	Umgestaltung der Wohnung und Einbau eines nicht vorhandenen Bades/WC
Anpassung eines vorhandenen Bades/WC	Installation von Armaturen mit verlängertem Hebel oder Schlaufe Schlauchbrause Installation von Warmwassergeräten, wenn kein fließend warmes Wasser vorhanden ist
Badewanne	Badewanneneinstiegshilfen, die mit wesentlichen Eingriffen in die Bausubstanz verbunden sind
Bodenbelag	Verwendung von rutschhemmendem Bodenbelag Schaffung rutschhemmender Bodenbeläge in der Dusche
Duschplatz	Einbau einer Dusche, wenn der Einstieg in eine Badewanne auch mit Hilfsmitteln nicht mehr ohne fremde Hilfe möglich ist Herstellung eines bodengleichen Zugangs zur Dusche oder Einbau einer niedrigeren Duschtasse, wenn ein bodengleicher Zugang baulich nicht möglich ist

Bad, Toilette	
Ausstattung	**Mögliche Veränderungen**
Toilette	Anpassung der Sitzhöhe des Klosettbeckens durch Einbau eines Sockels
Waschtisch	Anpassung der Höhe des Waschtisches (ggf. Einbau eines höhenverstellbaren Waschtisches) zur Benutzung im Sitzen bzw. im Rollstuhl

Schlafzimmer	
Ausstattung	**Mögliche Veränderungen**
Bettzugang	Umbaumaßnahmen zur Schaffung eines freien Zugangs zum Bett
Bodenbelag	Verwendung von rutschhemmendem Bodenbelag
Lichtschalter/Steckdosen	Installation von Lichtschaltern und Steckdosen, die vom Bett aus zu erreichen sind

Wohngruppenzuschlag

§ **Rechtsgrundlagen zum Nachlesen**

§ 38a SGB XI

Der Wohngruppenzuschlag kann eigenverantwortlich für die Organisation sowie Sicherstellung der Pflege in der Wohngemeinschaft verwendet werden. Es muss sich um ein gemeinschaftliches Wohnen von regelmäßig drei und maximal zwölf Bewohnerinnen und Bewohnern handeln, von denen mindestens drei ambulante Pflegeleistungen beziehen.

Pflegebedürftige in ambulant betreuten Wohngruppen (sog. Pflege-WG) können einen Wohngruppenzuschlag in Höhe von 214 Euro je Monat erhalten, wenn mindestens drei Bewohner der Wohngruppe eine der folgenden Leistungen beziehen:

- Pflegesachleistung
- Pflegegeld
- Kombinationsleistung
- Zusätzliche Betreuungsleistungen (Entlastungsbetrag)

Wohnt dann noch ein Pflegebedürftiger mit Pflegegrad 1 in der Wohngruppe, so erhält auch er den Wohngruppenzuschlag.

Die Mitglieder der Wohngruppe beauftragen gemeinschaftlich eine Person, die Hilfeleistungen unabhängig von der pflegerischen Versorgung erbringt, dessen Zweck die gemeinschaftliche Versorgung in einer gemeinsamen Wohnung oder einem Haus ist.

Wichtig: Es darf sich bei der Wohngruppe nicht um eine Versorgungsform handeln, die einer stationären Einrichtung (Pflegeheim) entspricht.

Praxis-Tipp:

Bei Gründung einer Wohngruppe können Pflegebedürftige der Pflegegrade 1 bis 5 eine Anschubfinanzierung in Höhe von bis zu 2.500 Euro erhalten (§ 45e SGB XI). An der Neugründung müssen mindestens drei Pflegebedürftige beteiligt sein.
Daneben können auch Leistungen für wohnumfeldverbessernde Maßnahmen bis zu 4.000 Euro gewährt werden.
Insgesamt ist die Anschubfinanzierung auf 10.000 Euro je Wohngruppe begrenzt.

8

Zusätzliche Betreuungsleistungen, Entlastungsbetrag

§ **Rechtsgrundlagen zum Nachlesen**

§ 45b SGB XI

Pflegebedürftige der Pflegegrade 1 bis 5, die ambulant versorgt werden, haben Anspruch auf einen zusätzlichen Betreuungsbetrag. Für die Leistungen sind monatliche Höchstbeträge von bis zu 125 Euro vorgesehen.

Der Betrag ist zweckgebunden einzusetzen für qualitätsgesicherte Leistungen zur Entlastung pflegender Angehöriger und vergleichbar

Nahestehender in ihrer Eigenschaft als Pflegende sowie zur Förderung der Selbständigkeit und Selbstbestimmtheit der Pflegebedürftigen bei der Gestaltung ihres Alltags.

Der Betrag dient der Erstattung von Aufwendungen im Zusammenhang mit der Inanspruchnahme von Leistungen der

- Tages- oder Nachtpflege,
- Kurzzeitpflege,
- ambulanten Pflegedienste (in den Pflegegraden 2 bis 5 jedoch nicht für die Leistung körperbezogener Pflegemaßnahmen – um den Bedarf an Leistungen im Zusammenhang mit dem Bereich der körperbezogenen Selbstversorgung als Kernbereich der bisherigen Grundpflege abzudecken, steht Pflegebedürftigen der Pflegegrade 2 bis 5 dagegen jeweils der reguläre Leistungsbetrag der Pflegesachleistungen zur Verfügung),
- nach Landesrecht anerkannten Angebote zur Unterstützung im Alltag.

Sonderregelung aufgrund der Corona-Pandemie

Pflegebedürftige mit Pflegegrad 1, die zu Hause leben, haben Anspruch auf einen Entlastungsbetrag in Höhe von 125 Euro monatlich. Der Einsatz dieses Betrages ist allerdings normalerweise eingeschränkt auf Maßnahmen von in den einzelnen Bundesländern zugelassenen Diensten. Aufgrund der Corona-Pandemie hatten Pflegebedürftige mit Pflegegrad 1 bis 31.03.2021 die Möglichkeit, den Entlastungsbetrag auch abweichend vom geltenden Landesrecht für andere Hilfen bzw. andere – professionelle und nicht professionelle – Anbieter zu verwenden (z.B. durch Nachbarn). Voraussetzung ist, dass die Hilfe erforderlich ist, um coronabedingte Versorgungsengpässe zu überwinden.

Ansparung drei Monate möglich: Für Pflegebedürftige aller fünf Pflegegrade gilt zudem bis 31.03.2021 eine Verlängerung von drei Monaten, um den Entlastungsbetrag anzusparen.

Information über Ansprüche, Pflegeberatung

§ **Rechtsgrundlagen zum Nachlesen**

§§ 7, 7a SGB XI

Pflicht der Pflegekassen ist es, Versicherte bzw. ihre Angehörigen bezüglich der mit Pflegebedürftigkeit zusammenhängenden Fragen in verständlicher Weise zu informieren und aufzuklären.

Die Pflegekassen müssen dem Hilfesuchenden einen zuständigen Pflegeberater oder eine sonstige Beratungsstelle benennen, die entsprechend Hilfe und Unterstützung bei Auswahl und Inanspruchnahme von Unterstützungsangeboten im Sinne des Fallmanagements leisten. Dabei soll ein fester Ansprechpartner etabliert werden um bei der Beratung personelle Kontinuität zu erreichen.

Auch die Angehörigen können ohne Teilnahme der pflegebedürftigen Person eine Pflegeberatung in Anspruch nehmen, sofern die pflegebedürftige Person zustimmt.

Neben den Pflegekassen gibt es auch Beratungsangebote von Bund und Ländern, Kommunen (Pflegestützpunkte) und Einrichtungen der Wohlfahrtspflege zu Themen, die für hilfe- und pflegebedürftige Menschen und ihre Angehörigen relevant sind.

> ***Praxis-Tipp:***
>
> *In der Datenbank des Zentrums für Qualität in der Pflege (ZQP) kann eine Beratungsstelle nach Ort sowie nach Beratungsthema gesucht werden: https://bdb.zqp.de*

8

Vorschau: Pflegegelderhöhung 2021 und unbürokratisches Entlastungsbudget?

§ 30 SGB XI bestimmt für das Jahr 2020 ein Überprüfung der Erhöhung des Pflegegeldes, abhängig von der Preisentwicklung der letzten drei Jahre. Demnach könnte der Bundestag mit Zustimmung des Bundesrats 2021 das Pflegegeld erhöhen.

Zudem sollen laut Koalitionsvertrag Leistungen der Kurzzeit- und Verhinderungspflege sowie der Tages- und Nachtpflege zu einem jährlichen Entlastungsbudget zusammenfasst werden, das flexibel in Anspruch genommen werden kann.

Bei Drucklegung dieser Auflage im Dezember 2020 lag zu diesen Punkten ein Eckpunktepapier des Bundesgesundheitsministeriums mit folgendem Vorschlag vor:

- Erhöhung der Leistungsbeträge ab 01.07.2021 um 5 Prozent sowie ab 01.01.2023 jährlich um die Inflationsrate.
- Zusammenlegung der Beträge für Kurzzeit- und Verhinderungspflege in einem „Entlastungsbudget“ (3.300 Euro jährlich).
- Pflegebedürftige sollen frei entscheiden dürfen, ob sie Leistungen ambulanter Pflegedienste in Form von Leistungskomplexen abrufen oder in Form eines Zeitkontingentes.

Auskünfte über den Stand der Gesetzgebung kann Ihnen bei Bedarf die Pflegeberatungsstelle Ihrer Pflegekasse geben.

9.

Hilfen für blinde und gehörlose Menschen

Blindensendungen

Blindensendungen durch die Deutsche Post sind entgeltfrei. Folgende Versandstücke werden kostenfrei transportiert:

- Schriftstücke (Nachrichten, Zeitungen, Bücher) in Blindenschrift (Braille-Schrift)
- für Blinde bestimmte Tonaufzeichnungen oder sonstige Magnetträger (Hörbücher, Kassetten), deren Absender oder Empfänger eine amtlich anerkannte Blindenanstalt ist oder in deren Auftrag der Versand erfolgt
- Papiere für die Aufnahme von Blindenschrift, wenn sie von einer anerkannten Blindenanstalt an Blinde versandt werden

Folgende Versandmerkmale müssen erfüllt sein:

- Die Umhüllung von Blindensendungen darf grundsätzlich nicht verschlossen sein.
- Jede Sendung innerhalb Deutschlands muss oberhalb der Anschrift mit dem Vermerk „Blindensendung" gekennzeichnet sein, Sendungen ins Ausland mit dem Vermerk „Blindensendung/Cécogramme".

Praxis-Tipp:

Es besteht die Möglichkeit, Blindensendungen mit zusätzlichen Briefleistungen (z. B. Einschreiben) zu kombinieren. Nähere Informationen dazu sowie zu den erlaubten Maßen und Gewichten im nationalen und internationalen Versand erteilt jede Postfiliale oder auch die Informationsseite auf der Homepage der Deutschen Post: www.deutschepost.de

Blindenhilfe im Rahmen der Sozialhilfe

§ **Rechtsgrundlagen zum Nachlesen**

§ 72 SGB XII

Blindenhilfe ist eine Hilfe im Rahmen der Hilfen in anderen Lebenslagen nach dem Sozialhilferecht (SGB XII).

Auf Blindenhilfe besteht ein Rechtsanspruch („Ist-Leistung"). Das bedeutet, dass der Träger der Sozialhilfe bei Vorliegen der Voraussetzungen zur Gewährung dieser Hilfe verpflichtet ist. Berechtigt zum Bezug von Blindenhilfe sind alle Blinden, die das erste Lebensjahr vollendet haben und eine Bedürftigkeit nachweisen können, wenn insoweit die sozialhilferechtlichen Einkommens- und Vermögensgrenzen nicht überschritten sind.

Im Sozialrecht gelten Personen als blind, denen entweder das Augenlicht vollständig fehlt oder deren Sehschärfe auf beiden Augen nicht mehr als 1/50 beträgt (siehe zum Begriff auch im Kapitel „Schwerbehindertenausweis und Merkzeichen", dort zum Merkzeichen „Bl").

Blinde Menschen haben als erheblich teilhabeeingeschränkte Menschen neben dem Anspruch auf Eingliederungshilfe nach dem SGB IX zusätzlich Anspruch auf Blindenhilfe.

Höhe der Blindenhilfe

Die Höhe der Leistung richtet sich nach dem Alter der blinden Person sowie nach dem aktuellen Rentenwert in der gesetzlichen Rentenversicherung. Der Bezug auf die Rentenentwicklung hat zur Folge, dass die Blindenhilfe zum 1. Juli eines jeden Jahres angepasst wird. Seit 01.07.2020 gelten monatlich folgende Sätze:

- 765,43 Euro für Erwachsene
- 383.37 Euro für Minderjährige (= bis zur Vollendung des 18. Lebensjahres)

Das Blindengeld wird jeweils zum 1. Juli eines jeden Jahres angepasst. Der Steigerungsbetrag orientiert sich an der Rentenentwicklung.

Falls der blinde Mensch in einer stationären Einrichtung lebt, kann die Blindenhilfe gekürzt werden, wenn die Kosten des Aufenthalts ganz oder teilweise aus Mitteln öffentlich-rechtlicher Leistungsträger getragen werden. Die Blindenhilfe verringert sich dann um diese Aufwendungen; maximal dürfen 50 Prozent abgezogen werden.

Weigert sich ein Leistungsberechtigter, eine ihm zumutbare Arbeit auszuüben, sich zu einem angemessenen Beruf auszubilden oder sich zu einer sonstigen angemessenen Tätigkeit ausbilden, fortbilden oder umschulen zu lassen, vermindert sich die Blindenhilfe in einer ersten Stufe um bis zu 25 Prozent, bei wiederholter Ablehnung in weiteren Stufen um jeweils bis zu 25 Prozent (§ 39 SGB XII).

Anrechnung von Pflegegeld

Auf die Blindenhilfe sind Leistungen, auch Sachleistungen, bei häuslicher Pflege, die über die Pflegeversicherung gezahlt werden, anzurechnen und zwar

- bei Pflegebedürftigen des Pflegegrads 2 mit 50 Prozent des Pflegegelds,
- bei Pflegebedürftigen der Pflegegrade 3, 4 oder 5 mit 40 Prozent des Pflegegelds, bezogen auf Pflegegrad 3.

Im Höchstfall dürfen 50 Prozent der Blindenhilfe angerechnet werden.

Daraus ergeben sich folgende monatliche Anrechnungsbeträge für Erwachsene (zur Höhe des Pflegegelds an sich, siehe Kapitel 8 zu Leistungen der Pflegeversicherung):

- bei Pflegegrad 2: 158 Euro
- bei Pflegegrad 3, 4 oder 5: 218 Euro

Bei Kindern und Jugendlichen ist die Anrechnung weiterhin auf 170,72 Euro begrenzt.

Anrechnung von Landesblindengeld

Leistungen der einzelnen Bundesländer (siehe unten) werden zu 100 Prozent angerechnet. Ist die Leistung des jeweiligen Bundeslandes niedriger als die Blindenhilfe nach SGB XII, besteht Anspruch auf ergänzende Blindenhilfe bis zu deren Höhe von 765,43 Euro bzw. 383,37 Euro, soweit die Einkommensgrenze nicht überschritten wird.

Hilfen in den Bundesländern für blinde, gehörlose oder sonstig gehandicapte Menschen

Alle Bundesländer halten Leistungen – meist für blinde bzw. hochgradig sehbehinderte Menschen, teilweise auch gehörlose Menschen, selten für anderweitige Handicaps – in unterschiedlicher Höhe und zu unterschiedlichen Voraussetzungen vor. Gedacht ist diese Hilfe als Pauschale zum Ausgleich bestehender Nachteile, über die die Betroffenen aber frei verfügen können und für die sie keinen Verwendungsnachweis erbringen müssen (z. B. erhöhter Fahrkostenbedarf, Kosten für Blindenzeitschriften oder Hörbücher).

Bei Erblindung muss bei der Anspruchsprüfung zunächst geklärt werden, was Ursache der Erblindung war, um etwaige vorrangige Leistungen auszuschließen:

- Ist diese Folge einer Kriegs- oder Wehrdienstschädigung, eines Verbrechens oder einer staatlichen Impfmaßnahme, so hat der Betroffene Anspruch auf eine Pflegezulage nach dem Bundesversorgungsgesetz.
- Ist die Ursache ein Berufsunfall oder eine Berufskrankheit, so ist die Berufsgenossenschaft für die Zahlung eines Pflegegelds zuständig.

9

Baden-Württemberg

Geltende Landesvorschrift: Blindenhilfegesetz (Höhe: § 2)

Berechtigter Personenkreis (Wohnsitz im Bundesland):

- Vollständig erblindete Personen
- Personen, deren Sehschärfe auf keinem Auge und auch nicht bei beidäugiger Prüfung mehr als 1/50 beträgt, oder Personen, bei denen nicht nur vorübergehende Störungen des Sehvermögens von einem solchen Schweregrad vorliegen, die diesen gleichzuachten sind.

Monatliche Leistungshöhe:

- Blinde Erwachsene: 410 Euro
- Blinde Minderjährige: 205 Euro

Es erfolgt eine Kürzung um 50 Prozent, wenn sich der Betroffene in einem Heim oder einer gleichartigen Einrichtung befindet, und Leistungen zur vollstationären Pflege der Pflegeversicherung erhält oder die Kosten des Aufenthalts ganz oder überwiegend über die Sozialhilfe getragen werden.

Kein Anspruch besteht, wenn sich Betroffene weigern, eine zumutbare Arbeit zu leisten oder sich zu einem angemessenen Beruf oder einer sonstigen Tätigkeit ausbilden, fortbilden oder umschulen zu lassen oder sie eine Freiheitsstrafe verbüßen.

Bayern

Geltende Landesvorschrift: Blindengeldgesetz (Höhe: Art. 2); der Betrag orientiert sich an der Rentenentwicklung und wird jedes Jahr zum 1. Juli angepasst.

Berechtigter Personenkreis (Wohnsitz im Bundesland):

- Blinde Personen: als blind gelten auch Personen, deren Sehschärfe auf dem besseren Auge nicht mehr als 1/50 beträgt oder bei denen nicht erfasste Störungen des Sehvermögens von einem solchen Schweregrad bestehen, dass sie der Beeinträchtigung der Sehschärfe gleichzuachten sind.
- Hochgradig sehbehinderte Personen: Personen, deren Sehschärfe auf keinem Auge und auch nicht bei beidäugiger Prüfung mehr als ein Zwanzigstel beträgt oder bei denen andere hinsichtlich des Schweregrads gleich zu achtende Störungen der Sehfunktion vorliegen. Dies ist der Fall, wenn die Einschränkung des Sehvermögens einen GdB von 100 Prozent bedingt und noch nicht Blindheit vorliegt.
- Taubblinde Personen: Personen mit vollständigem Hörverlust oder an Taubheit grenzender Schwerhörigkeit (Hörverlust von mindestens 80 Prozent).

Vorübergehende Seh- oder Hörstörungen (weniger als sechs Monate) sind nicht zu berücksichtigen.

Monatliche Leistungshöhe:

- Blinde Menschen jeden Alters: 651 Euro
- Hochgradig sehbehinderte Menschen: 195 Euro
- Taubblinde Menschen: 1.302 Euro
- Zusätzlich taube Menschen: 390 Euro

Leistungen nach dem SGB XI bei häuslicher Pflege werden auf das Blindengeld angerechnet. Bei Pflegegrad 2 werden 46 Prozent des Pflegegelds angerechnet (145,36 Euro), bei Pflegegrade 3 bis 5 33 Prozent des Pflegegelds für den Pflegegrad 3 (240,24 Euro). Das bayerische Landespflegegeld (1.000 Euro jährlich) wird nicht angerechnet.

Eine Kürzung um 50 Prozent erfolgt, wenn die Kosten des Aufenthalts in einem Heim oder einer vergleichbaren Einrichtung ganz oder teilweise aus Mitteln öffentlich-rechtlicher Leistungsträger getragen werden oder der Betroffene Mittel einer privaten Pflegeversicherung in Anspruch nimmt.

Berlin

Geltende Landesvorschrift: Landespflegegesetz (Höhe: § 2); der Betrag orientiert sich an der Rentenentwicklung und wird jedes Jahr zum 1. Juli angepasst.

Berechtigter Personenkreis (Wohnsitz im Bundesland):

- Blinde Menschen; als blind sind auch diejenigen Personen anzusehen, deren Sehschärfe auf keinem Auge und auch nicht bei beidäugiger Prüfung mehr als 1/50 beträgt oder bei denen andere Störungen des Sehvermögens von einem solchen Schweregrad vorliegen, dass sie dieser Beeinträchtigung der Sehschärfe gleichzuachten sind.
- Hochgradig sehbehinderte Menschen: Personen, deren Sehschärfe auf keinem Auge und auch nicht bei beidäugiger Prüfung mehr als ein Zwanzigstel beträgt oder bei denen andere hinsichtlich des Schweregrads gleich zu achtende Störungen der Sehfunktion vorliegen. Dies ist der Fall, wenn die Einschränkung des Sehvermögens einen GdB von 100 Prozent bedingt und noch nicht Blindheit vorliegt.
- Gehörlose Menschen: Personen mit angeborener oder bis zum 7. Lebensjahr erworbener Taubheit oder an Taubheit grenzender Schwerhörigkeit. Personen, die erst später die Taubheit oder an Taubheit grenzende Schwerhörigkeit erworben haben, gelten nur dann als gehörlos, wenn der GdB wegen schwerer Sprachstörungen mehr als 90 beträgt.

Monatliche Leistungshöhe:

- Blinde Menschen jeden Alters: 612,34 Euro
- Hochgradig sehbehinderte Menschen: 153,09 Euro
- Gehörlose Menschen: 306,18 Euro
- Taubblinde Menschen: 1.189 Euro

Eine Kürzung um 50 Prozent erfolgt, wenn die Kosten des Aufenthalts in einem Heim oder einer vergleichbaren Einrichtung ganz oder teilweise aus Mitteln öffentlich-rechtlicher Leistungsträger getragen werden.

Brandenburg

Geltende Landesvorschrift: Landespflegegesetz (Höhe: § 3)

Berechtigter Personenkreis (Wohnsitz im Bundesland):

- Blinde und gleichstehende Personen, deren beidäugige Gesamtsehschärfe nicht mehr als 1/50 beträgt oder bei denen dem Schweregrad dieser Sehschärfe gleichzuachtende, nicht nur vorübergehende Störungen des Sehvermögens vorliegen.
- Gehörlose Menschen mit angeborener oder bis zum 7. Lebensjahr erworbener Taubheit oder an Taubheit grenzender Schwerhörigkeit. Personen, die erst später die Taubheit oder an Taubheit grenzende Schwerhörigkeit erworben haben, gelten nur dann als gehörlos, wenn der GdB wegen schwerer Sprachstörungen 100 beträgt. Diese Personen dürfen keinen Anspruch auf Leistungen der Pflegeversicherung haben.
- Personen mit Verlust beider Beine im Oberschenkelbereich oder beider Hände oder mit Lähmungen oder gleichartigen Behinderungen, wenn dadurch auf Dauer, voraussichtlich für mindestens sechs Monate, Betreuungsbedarf zur Sicherung der körperlichen Mobilität und hauswirtschaftlichen Versorgung besteht. Diese Personen dürfen keinen Anspruch auf Leistungen der Pflegeversicherung haben.

Liegen beim Betroffenen mehrere hier aufgeführte Behinderungen vor (z. B. Taubblinde), wird das Pflegegeld nur einmal und zwar mit dem höheren Betrag gewährt.

Monatliche Leistungshöhe:

- Blinde Erwachsene: 345,80 Euro
- Blinde Minderjährige: 172,90 Euro

- Gehörlose Menschen: 106,60 Euro
- Bei Verlust von Beinen/Händen, bei Lähmungen: 192,40 Euro

Bei blinden und hochgradig sehbehinderten Menschen werden Leistungen bei häuslicher Pflege (Pflegegeld, Pflegesachleistung, Kombinationsleistung) mit 70 Prozent angerechnet.

Bei vollstationärem Aufenthalt, Verbüßen einer Gefängnisstrafe oder Entschädigungsleistungen aus öffentlicher Hand besteht kein Anspruch.

Bremen

Geltende Landesvorschrift: Landespflegegesetz (Höhe: § 2); der Betrag orientiert sich an der Rentenentwicklung und wird jedes Jahr zum 1. Juli angepasst.

Berechtigter Personenkreis (Wohnsitz im Bundesland):

- Vollerblindete Menschen oder Personen, deren Sehschärfe auf dem besseren Auge nicht mehr als 1/50 beträgt oder bei denen dem Schweregrad dieser Sehschärfe gleichzuachtende, nicht nur vorübergehende Störungen des Sehvermögens vorliegen.
- Schwerstbehinderte Menschen:
  - Menschen mit Behinderungen der oberen Extremitäten, die dem Fehlen beider Hände gleichkommen (Ohnhänder) mit einer wesentlichen Behinderung
  - Personen mit Verlust beider Arme im Bereich der Oberarme, Personen mit Verlust dreier Gliedmaßen
  - Personen mit Lähmungen oder sonstigen Bewegungsbehinderungen, wenn die Behinderungen dem Verlust dreier Gliedmaßen gleichkommen
  - querschnittsgelähmte Menschen mit Blasen- und Mastdarmlähmungen
  - hirngeschädigte Menschen mit schweren physischen und psychischen Störungen und Gebrauchsbehinderung mehrerer Gliedmaßen
  - andere Personen, deren dauerndes Krankenlager erfordender Leidenszustand oder deren Pflegebedürftigkeit so außer-

gewöhnlich ist, dass ihre Behinderung mit den vorgenannten Behinderungen vergleichbar ist

Monatliche Leistungshöhe:

- Blinde Erwachsene: 450,09 Euro
- Blinde Minderjährige ab Vollendung des ersten Lebensjahres: 225,05 Euro

Betroffene, die in einer Einrichtung leben und bei denen die Kosten des Aufenthalts ganz oder teilweise aus öffentlichen Mitteln getragen werden, erhalten 50 Prozent des Landespflegegelds.

Leistungen der Pflegeversicherung werden in vollem Umfang auf das Landespflegegeld angerechnet.

Hamburg

Geltende Landesvorschrift: Blindengeldgesetz (Höhe: § 2); der Betrag orientiert sich an der Rentenentwicklung und wird jedes Jahr zum 1. Juli angepasst.

Berechtigter Personenkreis: Blinde und gleichstehende Personen, deren beidäugige Gesamtsehschärfe nicht mehr als 1/50 beträgt oder bei denen dem Schweregrad dieser Sehschärfe gleichzuachtende, nicht nur vorübergehende Störungen des Sehvermögens vorliegen.

Monatliche Leistungshöhe für blinde und hochgradig sehbehinderte Menschen jeden Alters: 583,10 Euro

Leben Betroffene in vollstationären Einrichtungen und werden die damit verbundenen Kosten aus Mitteln öffentlich-rechtlicher Leistungsträger getragen, so verringert sich das Blindengeld um diese Leistungen, höchstens jedoch um 50 Prozent.

Leistungen bei häuslicher Pflege (Pflegegeld, Pflegesachleistung, Kombinationsleistung) werden bei Pflegegrad 2 mit 46,33 Prozent des Pflegegelds dieses Pflegegrads (also mit 146,40 Euro) und bei den Pflegegraden 3 bis 5 mit 33,61 Prozent des Pflegegelds des Pflegegrads 3 (also mit 183,17 Euro) angerechnet. Mindestens wird jedoch ein Betrag in Höhe von 50 Prozent Blindengelds gewährt (273,13 Euro).

Hessen

Geltende Landesvorschrift: Landesblindengeldgesetz (Höhe: § 4); der Betrag orientiert sich an der Rentenentwicklung und wird jedes Jahr zum 1. Juli angepasst.

Berechtigter Personenkreis:

- Vollerblindete Menschen
- Blinden Menschen Gleichgestellte: Personen, deren Sehschärfe auf keinem Auge und auch nicht bei beidäugiger Prüfung mehr als 1/50 beträgt oder bei denen nicht nur vorübergehende Störungen des Sehvermögens im Bereich des zentralen visuellen Systems von einem solchen Schweregrad vorliegen, dass sie dieser Beeinträchtigung der Sehschärfe gleichzuachten sind.
- Hochgradig in der Sehfähigkeit behinderte Menschen: Personen, deren Sehschärfe auf keinem Auge und auch nicht bei beidäugiger Prüfung mehr als 1/20 beträgt oder bei denen nicht nur vorübergehende Störungen des Sehvermögens im Bereich des zentralen visuellen Systems von einem solchen Schweregrad vorliegen, dass sie dieser Beeinträchtigung der Sehschärfe gleichzuachten sind.

Monatliche Leistungshöhe:

- Blinde Erwachsene: 658,27 Euro
- Blinde Minderjährige: 382,72 Euro
- Hochgradig sehbehinderte Erwachsene: 197,48 Euro
- Hochgradig sehbehinderte Minderjährige: 114,82 Euro

Bei Aufnahme in eine vollstationäre Einrichtung oder bei längerem Krankenhausaufenthalt wird das Blindengeld ab dem dritten Monat gekürzt, wenn gleichzeitig Leistungen eines anderen öffentlichen Leistungsträgers (meist Sozialhilfeträger) bezogen werden. Bei dem Personenkreis der blinden Menschen erfolgt eine Kürzung auf 50 Prozent des vollen Blindengelds (Erwachsene damit: 308,34 Euro, Minderjährige: 179,27 Euro). Bei hochgradig sehbehinderten Menschen reduziert sich der monatliche Blindengeldbetrag auf 10 Prozent des vollen Blindengelds.

Leistungen bei häuslicher Pflege (Pflegegeld, Pflegesachleistung, Kombinationsleistung) werden bei Pflegegrad 2 mit 46 Prozent des

9

Pflegegelds dieses Pflegegrads und bei den Pflegegraden 3 bis 5 mit 33 Prozent des Pflegegelds des Pflegegrads 3 angerechnet. Es gelten damit folgende monatliche Abzüge bei Pflegegrad 2:

- Blinde Erwachsene: 145,36 Euro
- Blinde Minderjährige: 72,68 Euro
- Hochgradig sehbehinderte Erwachsene: 43,61 Euro
- Hochgradig sehbehinderte Minderjährige: 21,80 Euro

Monatliche Abzüge bei Pflegegrad 3 bis 5:

- Blinde Erwachsene: 179,85 Euro
- Blinde Minderjährige: 89,93 Euro
- Hochgradig sehbehinderte Erwachsene: 53,96 Euro
- Hochgradig sehbehinderte Minderjährige: 26,98 Euro

Mecklenburg-Vorpommern

Geltende Landesvorschrift: Landesblindengeldgesetz (Höhe: § 2)

Berechtigter Personenkreis: Blinde und gleichstehende Personen, deren beidäugige Gesamtsehschärfe nicht mehr als 1/50 beträgt oder bei denen dem Schweregrad dieser Sehschärfe gleichzuachtende, nicht nur vorübergehende Störungen des Sehvermögens vorliegen.

Monatliche Leistungshöhe:

- Blinde Erwachsene: 430 Euro
- Blinde Minderjährige: 273,05 Euro
- Hochgradig sehbehinderte Erwachsene: 107,50 Euro
- Hochgradig sehbehinderte Minderjährige: 68,26 Euro

Befindet sich die blinde oder hochgradig sehbehinderte Person in einer stationären oder teilstationären Einrichtung und werden die Kosten dieser Betreuung ganz oder teilweise von anderen Leistungsträgern getragen, erhält sie nur ein gekürztes Blindengeld:

- Stationärer Aufenthalt
  - Blinde Erwachsene: 215 Euro
  - Blinde Minderjährige: 136,53 Euro
  - Hochgradig sehbehinderte Erwachsene: 26,64 Euro
  - Hochgradig sehbehinderte Minderjährige: 13,65 Euro

- Teilstationärer Aufenthalt
  - Blinde Erwachsene: 215 Euro
  - Blinde Minderjährige: 136,53 Euro
  - Hochgradig sehbehinderte Erwachsene: 64,50 Euro
  - Hochgradig sehbehinderte Minderjährige: 68,26 Euro

Leistungen der Pflegeversicherung werden auch hier angerechnet.

Niedersachsen

Geltende Landesvorschrift: Gesetz über das Landesblindengeld für Zivilblinde (Höhe: § 2)

Berechtigter Personenkreis: Blinde und gleichstehende Personen, deren beidäugige Gesamtsehschärfe nicht mehr als 1/50 beträgt oder bei denen dem Schweregrad dieser Sehschärfe gleichzuachtende, nicht nur vorübergehende Störungen des Sehvermögens vorliegen.

Monatliche Leistungshöhe: Blinde Menschen jeden Alters: 375 Euro

Hält sich der blinde Mensch in einer stationären Einrichtung auf, so verringert sich das Blindengeld auf monatlich 187,50 Euro.

Leistungen bei häuslicher Pflege (Pflegegeld, Pflegesachleistung, Kombinationsleistung) im Rahmen der Pflegeversicherung werden bei Vorliegen von Pflegegrad 2 mit 135 Euro und bei Vorliegen der Pflegegrade 3 bis 5 mit 165 Euro angerechnet.

Nordrhein-Westfalen

Geltende Landesvorschrift: Gesetz über die Hilfen für Blinde und Gehörlose (Höhe: §§ 2, 4, 5)

Berechtigter Personenkreis:

- Blinde und gleichstehende Personen, deren beidäugige Gesamtsehschärfe nicht mehr als 1/50 beträgt oder bei denen dem Schweregrad dieser Sehschärfe gleichzuachtende, nicht nur vorübergehende Störungen des Sehvermögens vorliegen.
- Hochgradig sehbehinderte Menschen: Personen, die sich zwar in einer ihnen nicht vertrauten Umgebung ohne fremde Hilfe noch zurechtfinden, ihr restliches Sehvermögen aber für eine Teilnahme am Leben in der Gemeinschaft, vor allem an einem angemessenen Platz im Arbeitsleben, nicht oder nur unzureichend

verwerten können. Diese Voraussetzungen sind erfüllt, wenn das bessere Auge mit Gläserkorrektion ohne besondere optische Hilfsmittel eine Sehschärfe von nicht mehr als 1/20 oder krankhafte Veränderungen aufweist, die das Sehvermögen in entsprechendem Maße einschränken.

- Gehörlose Menschen: Personen mit angeborener oder bis zum 18. Lebensjahr erworbener Taubheit oder an Taubheit grenzender Schwerhörigkeit.

Monatliche Leistungshöhe:

- Blinde Erwachsene über 60 Jahre: 473 Euro
- Blinde Erwachsene unter 60 Jahre: 765,43 Euro
- Blinde Minderjährige: 383,37 Euro
- Hochgradig sehbehinderte Menschen ab 16 Jahren: 77 Euro
- Gehörlose Menschen: 77 Euro

Erhalten blinde Menschen Leistungen der Pflegekasse wegen häuslicher Pflege (Pflegegeld, Pflegesachleistung, Kombinationsleistung), Tages-, Nacht- oder Kurzzeitpflege, wird das Blindengeld bei Vorliegen von Pflegegrad 2 um 170,64 Euro und bei Vorliegen der Pflegegrade 3 bis 5 um 158,05 Euro gekürzt.

Rheinland-Pfalz

Geltende Landesvorschrift: Landesblindengeldgesetz (Höhe: § 2)

Berechtigter Personenkreis: Blinde und gleichstehende Personen, deren beidäugige Gesamtsehschärfe nicht mehr als 1/50 beträgt oder bei denen dem Schweregrad dieser Sehschärfe gleichzuachtende, nicht nur vorübergehende Störungen des Sehvermögens vorliegen.

Monatliche Leistungshöhe:

- Blinde Erwachsene: 410 Euro
- Blinde Minderjährige: 205 Euro

Altfallregelung: Wurde ein Antrag bis 30.04.2003 gestellt, so gilt ein höheres Blindengeld: 529,50 Euro für Erwachsene, 264,75 Euro für Minderjährige.

Befindet sich die blinde Person in teilstationärer Betreuung, einer Kindertagesstätte oder Schule, werden mindestens 75 Prozent des Betrags bezahlt. Während eines stationären Aufenthalts, der länger als vier Wochen dauert, ruht der Anspruch.

Wenn der Leistungsberechtigte pflegebedürftig ist und von seiner Pflegekasse ein Pflegegeld bezieht, wird dieses teilweise auf das Blindengeld angerechnet. Es wird dann nur noch Blindengeld in folgender Höhe ausgezahlt:

- bei Pflegegrad 2: 264,64 Euro
- bei den Pflegegraden 3 bis 5: 230,15 Euro

Saarland

Geltende Landesvorschrift: Gesetz über die Gewährung einer Blindheitshilfe (Höhe: § 1)

Berechtigter Personenkreis: Blinde und gleichstehende Personen, deren beidäugige Gesamtsehschärfe nicht mehr als 1/50 beträgt oder bei denen dem Schweregrad dieser Sehschärfe gleichzuachtende, nicht nur vorübergehende Störungen des Sehvermögens vorliegen.

Monatliche Leistungshöhe:

- Blinde Erwachsene: 438 Euro
- Blinde Minderjährige: 293 Euro

Leistungen bei häuslicher Pflege (Pflegegeld, Pflegesachleistung, Kombinationsleistung) werden bei Pflegegrad 2 mit 46,30 Prozent des Pflegegelds dieses Pflegegrads (also mit 146,30 Euro) und bei den Pflegegraden 3 bis 5 mit 33,60 Prozent des Pflegegelds des Pflegegrads 3 (also mit 183,12 Euro) angerechnet.

Sachsen

Geltende Landesvorschrift: Landesblindengeldgesetz (Höhe: § 2)

Berechtigter Personenkreis:

- Blinde und gleichstehende Personen, deren beidäugige Gesamtsehschärfe nicht mehr als 1/50 beträgt oder bei denen dem Schweregrad dieser Sehschärfe gleichzuachtende, nicht nur vorübergehende Störungen des Sehvermögens vorliegen.
- Hochgradig sehbehinderte Menschen: Personen, die sich zwar in einer ihnen nicht vertrauten Umgebung ohne fremde Hilfe noch zurechtfinden, ihr restliches Sehvermögen aber für eine Teil-

nahme am Leben in der Gemeinschaft, vor allem an einem angemessenen Platz im Arbeitsleben, nicht oder nur unzureichend verwerten können. Diese Voraussetzungen sind erfüllt, wenn das bessere Auge mit Gläserkorrektion ohne besondere optische Hilfsmittel eine Sehschärfe von nicht mehr als 1/20 oder krankhafte Veränderungen aufweist, die das Sehvermögen in entsprechendem Maße einschränken.
- Gehörlose Menschen: Personen mit angeborener oder bis zum 7. Lebensjahr erworbener Taubheit oder an Taubheit grenzender Schwerhörigkeit, wenn bei ihnen allein wegen der Taubheit und wegen der mit der Taubheit einhergehenden schweren Störung des Spracherwerbs ein GdB von 100 festgestellt ist. Personen, die erst später die Taubheit oder an Taubheit grenzende Schwerhörigkeit erworben haben, gelten nur dann als gehörlos, wenn bei ihnen allein wegen der Taubheit und der mit der Taubheit einhergehenden schweren Sprachstörung ein GdB von 100 festgestellt ist.
- Schwerstbehinderte Kinder: Personen, die das 18. Lebensjahr noch nicht vollendet haben und bei denen ein GdB von 100 festgestellt ist.

Monatliche Leistungshöhe:
- Blinde Kinder bis 14 Jahren: 262,50 Euro
- Blinde Jugendliche ab 14 Jahren: 350 Euro
- Hochgradig sehbehinderte Menschen: 80 Euro
- Gehörlose Menschen: 130 Euro
- Taubblinde Menschen: 650 Euro
- Schwerstbehinderte Kinder: 100 Euro

Das Blindengeld wird um 50 Prozent gekürzt, wenn der Betroffene in einer vollstationären Einrichtung lebt.

Leistungen bei häuslicher Pflege (Pflegegeld, Pflegesachleistung, Kombinationsleistung) werden je nach Pflegegrad gekürzt:
- bei Pflegegrad 2 mit 40 Prozent des Pflegegelds für diesen Pflegegrad, also: Kürzung um 126,40 Euro
- bei Pflegegrad 3 mit 30 Prozent des Pflegegelds für diesen Pflegegrad, also: Kürzung um 163,50 Euro
- bei Pflegegrad 4 mit 30 Prozent des Pflegegelds für diesen Pflegegrad, also: Kürzung um 218,40 Euro

- bei Pflegegrad 5 mit 30 Prozent des Pflegegelds für diesen Pflegegrad, also: Kürzung um 270,30 Euro

Insgesamt darf das Blindengeld aber nicht um mehr als 50 Prozent gekürzt werden.

Sachsen-Anhalt

Geltende Landesvorschrift: Gesetz über das Blinden- und Gehörlosengeld (Höhe: § 1)

Berechtigter Personenkreis:

- Blinde und gleichstehende Personen, deren beidäugige Gesamtsehschärfe nicht mehr als 1/50 beträgt oder bei denen dem Schweregrad dieser Sehschärfe gleichzuachtende, nicht nur vorübergehende Störungen des Sehvermögens vorliegen.
- Hochgradig sehbehinderte Menschen: Personen, die sich zwar in einer ihnen nicht vertrauten Umgebung ohne fremde Hilfe noch zurechtfinden, ihr restliches Sehvermögen aber für eine Teilnahme am Leben in der Gemeinschaft, vor allem an einem angemessenen Platz im Arbeitsleben, nicht oder nur unzureichend verwerten können. Diese Voraussetzungen sind erfüllt, wenn das bessere Auge mit Gläserkorrektion ohne besondere optische Hilfsmittel eine Sehschärfe von nicht mehr als 1/20 oder krankhafte Veränderungen aufweist, die das Sehvermögen in entsprechendem Maße einschränken.
- Gehörlose Menschen: Personen mit angeborener oder bis zum 7. Lebensjahr erworbener Taubheit oder an Taubheit grenzender Schwerhörigkeit, wenn bei ihnen allein wegen der Taubheit und wegen der mit der Taubheit einhergehenden schweren Störung des Spracherwerbs ein GdB von 100 festgestellt ist. Personen, die erst später die Taubheit oder an Taubheit grenzende Schwerhörigkeit erworben haben, gelten nur dann als gehörlos, wenn bei ihnen allein wegen der Taubheit und der mit der Taubheit einhergehenden schweren Sprachstörung ein GdB von 100 festgestellt ist.

Monatliche Leistungshöhe:

- Blinde Erwachsene: 375,12 Euro
- Blinde Minderjährige: 260,50 Euro
- Hochgradig sehbehinderte Menschen: 54,18 Euro
- Gehörlose Menschen: 54,18 Euro

Das Blindengeld vermindert sich um die Hälfte, wenn sich der Blinde in einer stationären Einrichtung aufhält, wenn Leistungen der Pflegeversicherung in Anspruch genommen werden.

Auf das Blindengeld werden dann angerechnet:

- bei Pflegegrad 2 146 Euro
- bei den Pflegegraden 3 bis 5 183 Euro

Schleswig-Holstein

Geltende Landesvorschrift: Landesblindengesetz (Höhe: § 1)

Berechtigter Personenkreis:

- Blinde und gleichstehende Personen, deren beidäugige Gesamtsehschärfe nicht mehr als 1/50 beträgt oder bei denen dem Schweregrad dieser Sehschärfe gleichzuachtende, nicht nur vorübergehende Störungen des Sehvermögens vorliegen.
- Taubblinde Menschen

Monatliche Leistungshöhe:

- Blinde Erwachsene: 300 Euro
- Blinde Minderjährige: 200 Euro
- Taubblinde Menschen: 400 Euro

Leistungen bei häuslicher Pflege (Pflegegeld, Pflegesachleistung, Kombinationsleistung) werden wie folgt angerechnet:

- bei Pflegebedürftigen mit Pflegegrad 2 mit 40 Prozent des Pflegegelds für Pflegegrad 2 (also: 126,40 Euro) und
- bei Pflegebedürftigen mit Pflegegrad 3 bis 5 mit 40 Prozent des Pflegegelds für Pflegegrad 3 (also: 218 Euro)

Bei Minderjährigen beträgt die Anrechnung jeweils 20 Prozent.

Thüringen

Geltende Landesvorschrift: Blindengeldgesetz (Höhe: § 1)

Berechtigter Personenkreis:

- Blinde und gleichstehende Personen, deren beidäugige Gesamtsehschärfe nicht mehr als 1/50 beträgt oder bei denen dem Schweregrad dieser Sehschärfe gleichzuachtende, nicht nur vorübergehende Störungen des Sehvermögens vorliegen.
- Taubblinde Menschen: Personen, bei denen allein wegen Taubheit oder an Taubheit grenzender Schwerhörigkeit und einer damit einhergehenden schweren Sprachstörung ein GdB von 100 festgestellt wurde und bei denen zusätzlich die Merkmale für Blinde vorliegen.

Monatliche Leistungshöhe:

- Blinde Menschen: 400 Euro
- Taubblinde Menschen: 500 Euro

Bei einem stationären Aufenthalt vermindert sich das Blindengeld:

- Blinde Menschen: 91,20 Euro
- Taubblinde Menschen: 182,40 Euro

Erhalten blinde oder taubblinde Menschen Leistungen der häuslichen Pflege (Pflegegeld, Pflegesachleistung, Kombinationsleistung), der teilstationären Pflege (Tagespflege, Nachtpflege) oder der Kurzzeitpflege im Rahmen der Pflegeversicherung, beträgt das Blindengeld:

- bei Pflegegrad 2: 182,40 Euro
- bei Pflegegrad 3 bis 5: 127,50 Euro

10.

Sonstige finanzielle Unterstützungen

Freiwillige Leistungen öffentlicher Institutionen

Es gibt Finanzspritzen und Leistungen, die ein Mensch mit Behinderung in Anspruch nehmen kann, die so wenig bekannt sind, dass sie sogar vielen Behördenmitarbeitern nicht geläufig sind.

Geld vom Bundespräsidenten

Bürger, die dem Bundespräsidialamt eine wirtschaftliche Notlage im Zusammenhang mit einer schicksalsbedingten Belastung ihrer Lebensumstände (z. B. schwere Krankheit, Behinderung, Unglücksfolgen o. Ä.) nachweisen, können aus dem Unterstützungsfonds des Bundespräsidenten eine bescheidene Beihilfe erhalten. Zuwendungen können Deutsche und in Deutschland lebende Ausländer formlos beantragen. In dem Antrag sollen Art und Ausmaß der Notlage dargestellt und – soweit möglich – durch entsprechende Belege nachgewiesen werden.

In der Regel werden die zuständigen örtlichen Sozialbehörden eingeschaltet, um sich zu den Anträgen zu äußern und zu prüfen, ob möglicherweise gesetzliche Ansprüche auf Hilfen bestehen.

Sofern anerkannte soziale Beratungsstellen bereits mit der besonderen Problematik des Hilfe suchenden Bürgers befasst sind, werden diese um Stellungnahme gebeten. Auch Behörden und Organisationen, die von der besonderen Notsituation eines Bürgers hören, können sich an das Bundespräsidialamt wenden und für ihn um Hilfe bitten.

> ***Praxis-Tipp:***
>
> *Im Bedarfsfall wenden Sie sich an das Bundespräsidialamt, 11010 Berlin. Internet: www.bundespraesident.de*

Hilfe für Krebspatienten

Erfordert die gesundheitliche Situation Hilfsmittel, die von der Krankenkasse nicht bezahlt werden und die sich ein Patient mit einer Krebserkrankung nicht leisten kann, kann eine einmalige finanzielle Unterstützung durch die Deutsche Krebshilfe helfen. Auch Mittel aus diesem Härtefonds werden nur einkommensabhängig vergeben. Zur Bewil-

ligung einer Zuwendung darf das verfügbare Eink
Person 409 Euro, bei zwei Personen 646 Euro, bei d
Euro nicht übersteigen. Die Zuwendungen liegen je n
zwischen 410 Euro und 800 Euro (Stand: Januar 2017)

> ***Praxis-Tipp:***
>
> *Beantragt werden kann die Unterstützung bei: Deutsche Krebshilfe e. V., Buschstr. 32, 53113 Bonn. Tel.: 0228 72990-94, Internet: www.krebshilfe.de*

Sterbegeld in Ausnahmefällen

Als weitere Finanzspritze wird unter bestimmten Voraussetzungen ein Sterbegeld gezahlt. Obwohl die gesetzlichen Krankenkassen diese finanzielle Hilfe schon lange abgeschafft haben, wird sie unter bestimmten Voraussetzungen durch den Kreis gewährt.

Allerdings ist diese Zahlung an bestimmte Voraussetzungen gebunden. Zunächst wird zwischen Sterbegeld und Bestattungsgeld unterschieden. Relevante Gesetzestexte hierzu finden Sie im Bundesversorgungsgesetz (BVG).

Gemäß § 36 BVG (Stand: 01.07.2020) wird beim Tod eines rentenberechtigten Geschädigten ein Bestattungsgeld in Höhe von 1.958 Euro gewährt, wenn der Tod die Folge einer solchen Schädigung ist. Andernfalls beträgt das Bestattungsgeld 982 Euro.

Stirbt ein nichtrentenberechtigter Geschädigter an den Folgen seiner Schädigung, wird ein Bestattungsgeld bis zu 5.640 Euro gezahlt (ein Siebtel der Bezugsgröße), sofern in dieser Höhe Bestattungskosten entstanden sind.

> **Wichtig:** Wird aufgrund anderer gesetzlicher Vorschriften für den gleichen Zweck eine finanzielle Leistung erbracht, wird das Bestattungsgeld reduziert.

Sterbegeld wird nur beim Tod eines rentenberechtigten Geschädigten gezahlt. Es entspricht einem Betrag in Höhe der dreifachen Versor-

…sbezüge, die ihm für den Sterbemonat zustanden. Dabei wird eine …flegezulage höchstens nach Pflegegrad 3 zugestanden.

Bestattungsgeld und Sterbegeld können nur auf Antrag gewährt werden. Einen entsprechenden Antrag erhalten Sie vom zuständigen Sozialamt.

Kostenfreie Mitversicherung von Rollstühlen in der Privathaftpflichtversicherung

Schwerbehinderte Personen, die auf die Benutzung eines Rollstuhls angewiesen sind, können Rollstühle, die nicht mit einem Verbrennungsmotor betrieben werden, in der Privathaftpflichtversicherung kostenfrei mitversichern. Dieser Empfehlung durch den Gesamtverband der deutschen Versicherungswirtschaft sind die meisten Gesellschaften gefolgt.

> ***Praxis-Tipp:***
>
> *Falls ein Versicherer dieses Risiko nicht automatisch kostenfrei mit einschließt, sollte sich der Rollstuhlfahrer vor Vertragsabschluss schriftlich bestätigen lassen, dass der Rollstuhl prämienfrei mitversichert ist.*

Ermäßigung bei kulturellen Veranstaltungen

Viele Kultureinrichtungen und Veranstalter bieten schwerbehinderten Menschen vergünstigte Eintrittskarten an. Die Vergünstigungen betragen oft bis zu 50 Prozent. Auch werden an den meisten Veranstaltungsstätten geeignete Plätze für Rollstuhlfahrer reserviert.

Darüber hinaus können Schwerbehinderte an ihrem Urlaubsort Ermäßigungen hinsichtlich der Kurtaxe erhalten. Die Kurtaxe ist eine kommunale Abgabe, die in der jeweiligen Gemeindesatzung geregelt ist. Viele Gemeinden bieten für Schwerbehinderte Ermäßigungen bis zu 50 Prozent an.

11.

Hilfreiche Adressen

Adressen der zuständigen Landesbehörden für Schwerbehindertenangelegenheiten

Baden-Württemberg

Regierungspräsidium Stuttgart
Abteilung 10 – Landesversorgungsamt
Ruppmannstr. 21, 70565 Stuttgart
Tel.: 0711 904100-02

Bayern

Zentrum Bayern Familie und Soziales – Region Oberbayern 1
Richelstr. 17, 80634 München
Tel.: 089 18966-0

Berlin

Landesamt für Gesundheit und Soziales
Versorgungsamt/Kunden-Center
Albrecht-Achilles-Str. 62–65, 10709 Berlin
Tel.: 030 9012-64 64

Brandenburg

Amt für Soziales und Versorgung
Zeppelinstr. 48, 14471 Potsdam
Tel.: 0331 276-10

Bremen

Versorgungsamt
Friedrich-Rauers-Str. 26, 28195 Bremen
Tel.: 0421 36155-41

Hamburg

Versorgungsamt Hamburg
Adolph-Schönfelder-Str. 5, 22083 Hamburg
Tel.: 040 4286-30

Hessen

Hessisches Amt für Versorgung und Soziales
Mainzer Straße 35, 65185 Wiesbaden
Tel.: 0611 71570

Mecklenburg-Vorpommern

Versorgungsamt Schwerin
Friedrich-Engels-Str. 47, 19061 Schwerin
Tel.: 0385 399-10

Niedersachsen

Versorgungsamt Hannover
Am Waterlooplatz 11, 30169 Hannover
Tel.: 0511 1060

Nordrhein-Westfalen

Versorgungsamt Düsseldorf
Erkrather Str. 339, 40231 Düsseldorf
Tel.: 0211 45840

Rheinland-Pfalz

Landesamt für Soziales, Jugend und Versorgung
Am Rodelberg 21, 55131 Mainz
Tel.: 06131 9670-3 66

Saarland

Landesamt für Jugend, Soziales und Versorgung
Hochstr. 67, 66115 Saarbrücken
Tel.: 0681 99780

Sachsen

Amt für Versorgung und Soziales
Strehlener Str. 24, 01069 Dresden
Tel.: 0351 8732-00

Sachsen-Anhalt
Amt für Versorgung und Soziales
Halberstädter Str. 39a, 39112 Magdeburg
Tel.: 0391 62730-00

Schleswig-Holstein
Landesamt für Soziale Dienste
Steinmetzstr. 1–11, 24534 Neumünster
Tel.: 04321 9135

Thüringen
Landesamt für Soziales und Familie
Abteilung 3 – Versorgung und Integrationsamt
Karl-Liebknecht-Str. 4, 98527 Suhl
Tel.: 03681 7332-00

Bundesverbände, Selbsthilfeorganisationen

Bundesarbeitsgemeinschaft Selbsthilfe von Menschen mit Behinderung und chronischer Erkrankung und ihren Angehörigen
Kirchfeldstraße 149, 40215 Düsseldorf
Tel.: 0211 310060
www.bag-selbsthilfe.de

Bundesverband für Körper- und Mehrfachbehinderte
Brehmstr. 5–7, 40239 Düsseldorf
Tel.: 0211 640040
www.bvkm.de

Bundesverband für Menschen mit Arm- oder Beinamputation
Lindbergstraße 18, 80939 München
Tel.: 089 41617401-0
www.amputiert.net

Bundesverband Selbsthilfe Körperbehinderter
Altkrautheimer Straße 20, 74238 Krautheim
Tel.: 06294 4281-0
www.bsk-ev.org

Deutscher Blinden- und Sehbehindertenverband
Rungestraße 19, 10179 Berlin
Tel.: 030 285387-0
www.dbsv.org

Deutscher Gehörlosen-Bund
Prezlauer Allee 180, 10405 Berlin
Tel.: 030 49902266
www.gehoerlosen-bund.de

Interessenvertretung Selbstbestimmt Leben in Deutschland

Krantorweg 1, 13503 Berlin
Tel.: 030 40 57 14 09
www.isl-ev.de

Beauftragte(r) für die Belange von Menschen mit Behinderungen

Beauftragte der Bundesregierung für die Belange von Menschen mit Behinderungen
Mauerstraße 53, 10117 Berlin
Tel.: 03018 527-2944

Die Beauftragten in den jeweiligen Bundesländern können über die Internetseite abgefragt werden:
www.behindertenbeauftragte.de (dort Wissenswertes | Links)

Stichwortverzeichnis

12

12